冠婚葬祭文化論

人間にとって儀式とは何か

一般財団法人 冠婚葬祭文化振興財団理事長
佐久間庸和 著

わが先考　佐久間進に捧げる

まえがき

冠婚葬祭は社会を持続させる

わたしは現在、一般財団法人冠婚葬祭文化振興財団(※)の理事長を務めています。

わたしは、「冠婚葬祭」の本質とは「日本文化の集大成」であると思っています。

「冠婚葬祭」のことを、ずばり結婚式と葬儀のことだと思っている人も多いようです。たしかに婚礼と葬礼は人生の二大儀礼ではありますが、「冠婚葬祭」のすべてではありません。「冠婚＋葬祭」ではなく、「冠＋婚＋葬＋祭」なのです。

「冠」はもともと元服《げんぷく》のことで、現在では、誕生から成人までのさまざまな成長行事を「冠」といいます。すなわち、初宮参り、七五三、十三祝い、成人式などです。

「祭」は先祖の祭祀です。四十九日、一周忌や三回忌などの追善供養、春と秋の彼岸や盆、さらには正月、節句、中元、歳暮など、日本の季節行事の多くは先祖をしのび、神をまつる日でした。現在では、正月から大みそかまでの年中行事を「祭」といいます。

そして、「婚」と「葬」です。結婚式ならびに葬儀の形式は、国により、民族によって、きわめて著しく差異があります。これは世界各国のセレモニーには、その国の長年培われた宗教的伝統や民族的慣習などが反映しているからです。儀式の根底には「民族的よりどころ」というべきものがあるのです。

結婚式ならびに葬儀に表れたわが国の儀式の源は、室町時代にルーツを持つ小笠原流礼法に代表される武家礼法に基づきますが、その武家礼法の源は『古事記』に代表される日本的よりどころです。すなわち、『古事記』に描かれたイザナギ、イザナミのめぐり会いに代表される陰陽両儀式のパターンこそ、室町時代以降、今日の日本的儀式の基調となって継承されてきました。

初宮祝い、七五三、成人式、結婚式、長寿祝い、葬儀、法事法要といった日本的儀式が「冠婚葬祭」というわけですが、それは日本人の一生を彩る「人生の四季を愛でる」セレモニーであると言えるでしょう。

日本文化を代表するものに茶道があります。

茶道といえば茶器が大切です。茶器とは、何よりも「かたち」そのものです。水や茶は形がなく不安定です。それを容《い》れるものが器です。

水と茶は「こころ」にも重なるところがあります。「こころ」も形がなくて不安定です。もともと「こころ」の語源は「ころころ」という説もありますが、それぐらい「こころ」というものは不安定です。ですから、「かたち」としての器に容れる必要があるのです。

その「かたち」には別名があります。「儀式」です。茶道とはまさに儀式文化であり、「かたち」の文化です。人間の「こころ」は、どこの国でも、いつの時代でも不安定です。だから、安定するための「かたち」すなわち儀式が必要なのです。

日本には、茶の湯・生け花・能・歌舞伎・相撲・武道といった、さまざまな伝統文化が存在します。そして、それらの伝統文化の根幹にはいずれも「儀式」＝「かたち」というものが厳然として存在します。儀式なくして文化はありえません。儀式とは「文化の核」と言えるでしょう。「儀式」と似た言葉に「儀礼」がありますが、これは人間同士のコミュニケーションのすべてともいえるもので、ほとんど「文化」の同義語であると言っても間違いではないと思います。儀式とはその儀礼の核をなすものであり、儀礼が「文化」なら、儀式は「文化の核」です。

現在の日本社会は「無縁社会」などと呼ばれています。しかし、この世に無縁の人などいません。どんな人だって、必ず血縁や地縁があります。そして、多くの人は学校や職場や趣味などでその他にもさまざまな縁を得ていきます。この世は、最初から多くの「縁」で満ちているのです。ただ、それに多くの人々は気づかないだけなのです。

わたしは、「縁」という目に見えないものを実体化して見えるようにするものこそ冠婚葬祭だと思います。結婚式や葬儀、七五三や成人式や法事・法要のときほど、縁というものが強く意識されることはありません。冠婚葬祭が行われるとき、「縁」という抽象的概念が実体化され、可視化されるのではないでしょうか。

さらに現在、ＳＤＧｓの重要性が世界的に訴えられています。

ＳＤＧｓ（Ｓｕｓｔａｉｎａｂｌｅ　Ｄｅｖｅｌｏｐｍｅｎｔ　Ｇｏａｌｓ）とは「持続可能な開発目標」という意味です。ＳＤＧｓは、国連で採択された「未来のかたち」です。健康と福祉、産業と技術革新、海の豊かさを守るなど、経済・社会・環境にまたがる一七の目標があり、二〇一五年の国連総会で全加盟国が合意しました。そして、二〇三〇年までにそのような社会を実現することを目指しています。

感染症への対処、ワクチンなど医薬品の開発、「元に戻る」ためのレジリエント（復元力の高い）なインフラ構築、差別の撤廃、廃棄物の大幅削減、そして貧困の解消。これらもすべてＳＤＧｓの目標に含まれています。

わたしは、ＳＤＧｓとは、つまるところ「人類の生存戦略」だと考えています。

京都大学名誉教授で宗教哲学者の鎌田東二氏は日本神話の書である『古事記』について、「いのちの賛歌としての『古事記』は日本人の生存戦略の書でもある。すなわち『まつり』と『うた』を発明したのがそれである」と述べています。

『古事記』のみならず、各民族の神話はそれぞれの生存戦略の書であるという見方もできます。つねづね鎌田氏は「人類は神話と儀礼を必要としている」と述べており、わたしも大いに共感していますが、それは結局、神話と儀礼の本質は人類を滅亡させず持続させるための叡智であるということでしょう。

そして、神話と儀礼の本質は「物語」です。鎌田氏は、儀礼について「人間がリアルからいったん離れて、あえてフィクショナルな世界に身を投じること」と喝破《かっぱ》しました。

儀礼の核をなすものが儀式です。わたしは「人間が人間であるために儀式はある」と考えています。儀礼や儀式といえば、冠婚葬祭互助会が提供するものです。考えてみると、冠婚葬祭とは社会を持続させるシステムそのものではないでしょうか。結婚式は、夫婦を生み、子どもを産むことによって人口を維持する結婚を根底から支える儀式です。一方葬儀は、儀式とグリーフケアによって死別の悲嘆によるうつ、自死などの負の連鎖を防ぐ儀式です。

冠婚業も葬祭業も、単なるサービス業ではありません。それは社会を安定させ、人類を存続させる重要なケアの文化装置を提供する文化産業なのです。そして、冠婚葬祭こそは民族や人類を持続させる究極のＳＤＧｓであると考えます。

本書は、過去にわたしが書いてきた著書や、新聞・雑誌の連載やブログの中から、「文化の核」としての儀式や「日本文化の集大成」としての冠婚葬祭の本質を考察した文章を集め、加筆、再構成して編集しました。ご一読いただき、冠婚葬祭文化の振興および冠婚葬祭産業の隆盛のためのヒントを見つけていただければ、これに勝る喜びはありません。

二〇二四年一一月三日　文化の日に

佐久間庸和

※一般財団法人　冠婚葬祭文化振興財団
　全国二百一の冠婚葬祭互助会で組織する「一般社団法人　全日本冠婚葬祭互助協会（略称『全互協』、一九七三年設立）」が母体となって、二〇一六年に設立された。人の一生に関わる儀礼である冠婚葬祭に代表される様々な人生儀礼の文化を振興し、次世代に引き継いで行くための事業を行い、我が国伝統文化の向上、発展に寄与することを目的としている。

目次

第一部　冠婚葬祭論

「かたち」には「ちから」がある

わたしは、「かたち」には「ちから」があると考えています。

「かたち」というのは儀式のことです。儀式には力があるのです。

わたしは、儀式の本質を「こころのコントロール術」であるととらえています。

儀式が最大限の力を発揮するときは、人間の「こころ」が不安定に揺れているときです。まずは、この世に生まれたばかりの赤ん坊の「こころ」。次に、成長していく子どもの「こころ」。そして、大人になる新成人者の「こころ」。それらの不安定な「こころ」を安定させるために、初宮参り、七五三、成人式などがあります。

結婚にまつわる儀式の「かたち」にも「ちから」があります。

昭和の末ぐらいまで、日本人の結婚式とは、結納式、結婚式という二つのセレモニー、それに結婚披露宴というパーティーが合わさったものでした。結納式、結婚式、披露宴の三位一体によって、新郎新婦は「結魂」の覚悟を固めてきたのです。

今では結納式はどんどん減っていますが、じつはこれこそ日本人の離婚が増加している最大の原因であると思います。

たとえば、日本人の冠婚葬祭の「かたち」を作ってきた小笠原流礼法は「結び」方というものを重視し、紐などの結び方に至るまで文化として極めてきました。結納とは「結び」を「納める」こと、まさに結納は「結び」方の文化なのです。そう、結納という場を持つことによって、新郎新婦となる二人が結婚の約束をし、家族らがそれを支え、確認することによって両家の絆を結ぶのです。それは、いわば「固結び」と言えるでしょう。

結納式を省略してしまうような現代のカジュアルな結婚式とは、「固結び」とは程遠い、いわば「チョウチョ結び」でしかないように思えてしまうのです。だから見た目はいいけれども、すぐに解けてしまうのです。つまり、離婚が起こりやすくなります。

結納式には、新郎新婦の魂を固く結び、両家の絆を固く結ぶ力があるのです。

「こころ」の揺れと、儀式との関係は、老いてゆく人間にも見ることができます。

なぜなら、人間にとって最大の不安である「死」に向かってゆく過程が「老い」だからです。

しかしながら、日本には老いゆく者の不安な魂を安定させる一連の儀式があります。そう、長寿祝いです。六一歳（満六〇歳）の「還暦《かんれき》」、七〇歳の「古稀《こき》」、七七歳の「喜寿《きじゅ》」、八〇歳の「傘《さん》寿《じゅ》」、八八歳の「米寿《べいじゅ》」、九〇歳の「卒寿《そつじゅ》」、九九歳の「白寿《はくじゅ》」、などです。

沖縄の人々は「生年祝い」としてさらに細かく、年を取るごとに長寿を盛大に祝います。わたしは、「老い」をネガティブにとらえる「老いの神話」に呪縛されている者が多い現代において、長寿祝いや、生年祝いといった儀式は、今でも非常に重要な意義を持つと思っています。それらは、高齢者が厳しい生物的競争を勝ち抜いてきた人生の勝利者であり、神に近い人間であるのだということを、人々にくっきりとした形で見せてくれるからです。それは大いなる「老い」の祝祭なのです。

そして、人生における最大の儀式として「葬儀」があります。

古今東西、人間は必ず死んでいきます。つらい時期を乗り越えるためには、動揺して不安を抱え込んでいる「こころ」にひとつの「かたち」を与えることが大事であり、ここに、葬儀の最大の意味があります。

この「かたち」はどのようにできているのでしょうか。

仏式葬儀を見てもわかるように、死者がこの世から離れていくことを、通夜、葬儀、初七日……といった儀式を通じて、くっきりとした「ドラマ」のようにして見せることによって、動揺している人間の心に安定を与えるのです。ドラマによって形が与えられると、「こころ」はその形に収まっていき、どんな悲しいことでも乗り越えていけます。「物語」というものがあれば、人間の「こころ」はある程度、安定するものなのです。

逆にどんな物語にも収まらないような不安を抱えていると、「こころ」はいつも不安定にぐらぐら揺れ動いて、愛する肉親の死をいつまでも引きずっていきます。

もし、愛する人を亡くした人が葬儀をしなかったらどうなるか。そのまま何食わぬ顔で次の日から生活しようとしても、喪失でゆがんでしまった時間と空間を再創造することができず、「こころ」が悲鳴をあげてしまうのではないでしょうか。

一連の法要は、故人を偲び、冥福を祈るためのものです。故人に対し、「あなたは亡くなったのですよ」「残ったわたしたちは、あなたのことを忘れませんよ」と今の状況を伝達する役割があります。また、遺族の「こころ」にぽっかりとあいた穴を埋める役割もあります。

動揺や不安を抱え込んでいる「こころ」に「かたち」を与えることが大事なのです。儀式には人を再生する力があります。「かたち」には「ちから」があるのです。

「礼業」としての冠婚葬祭業

わたしは、冠婚葬祭業のことを「礼業」であると考えています。

世の中には農業、林業、漁業、工業、商業といった産業がありますが、冠婚葬祭会社が関わっている領域は「礼業」です。「礼業」とは「人間尊重業」であり、「ホスピタリティ・インダストリー」の別名でもあります。

「礼」の意味について考えたいと思います。「礼」は儒教の真髄《しんずい》ともいえる思想です。それは、後世、儒教が「礼教」と称されたことからもわかります。

そもそも礼（禮）という字は、「示」（神）と「豊」（酒を入れた器）から成るように、酒器を神に供える宗教的な儀式を意味します。古代には、神のような神秘力のあるものに対する禁忌の観念があったので、きちんと定まった手続きや儀礼が必要とされました。これが、礼の起源であると言われます。礼は、冠婚葬祭の基本です。

ところが、もう一つ、「礼」の語源には説があります。「示」は「心」であり、「豊」はそのままで「ゆたか」だという説です。ということは、「礼」とは「心ゆたか」であり、「ハートフル」ということになります。「ハートフル」はわたしの造語として流行しましたが、もともとは「礼」という意味だったのかもしれません。

「ハートフル」をコンセプトにしたビジネスは、「ハートビジネス」と呼ばれます。心ゆたかな社会としての「ハートフル・ソサエティ」において産業の主流となっていくハートビジネスにはさまざまな業種がありますが、現在、「第三次産業」としてひとくくりにされています。しかし、この第三次産業という概念はイギリスの経済学者コーリン・クラークが一九四〇年代に提唱したものであり、時代遅れ以外の何ものでもありません。

現在の産業は七つのレベルで分類するとわかりやすいでしょう。

第一次と第二次は従来通りとして、第三次は手や足などによる「筋肉サービス」で、代表的な業種は洗濯業、宅配業、運送業など。第四次は、いわゆる装置産業で、知恵によって開発して筋肉によって保守などをする「複合サービス」。金融機関、私鉄、貸しビル、不動産業などがこれに含まれます。第五次は「知恵のサービス」で、教師、コンサルタント、システム、エンジニアなど。マスコミやシンクタンクもここに入ります。第六次は「情緒サービス」で、レジャー施設業、映画会社、劇団、芸術家など。そして第七次が「精神サービス」で、冠婚葬祭業、神社、寺院、教会などの宗教が含まれます。

つまり、高次の産業になればなるほど付加価値が高くなるわけです。そして、ハートビジネスは主に第六次と第七次の産業に集中しています。ハートビジネスとは人をハートフルにするビジネスであり、ここに属しているものこそ「礼業」なのです。

「冠婚葬祭」とは人生を肯定すること

わたしは、冠婚葬祭会社を経営しながら、大学の客員教授として孔子の思想などを教えてきました。講義では、特に孔子が説いた「礼」について重点的に解説します。「礼」は儀式すなわち冠婚葬祭の中核をなす思想ですが、平たく言うと「人間尊重」でしょう。

「礼」の心を形にしたものが「儀式」です。孔子は「社会の中で人間がどう幸せに生きるか」ということを追求した人ですが、その答えとして儀式の重視がありました。

人間は儀式を行うことによって不安定な「こころ」を安定させ、幸せになれるように思います。その意味で、儀式とは人間が幸福になるためのテクノロジーなのです。

そう、「かたち」には「ちから」があるのです。

さらに、儀式の果たす主な役割について考えてみましょう。

それは、まず「時間を生み出すこと」にあります。

日本における儀式あるいは儀礼は、「冠婚葬祭」と「年中行事」の二種類に大別できますが、これらの儀式は「時間を生み出す」役割を持っていました。「時間を生み出す」という儀式の役割は「時間を楽しむ」や「時間を愛でる」にも通じます。

日本には「春夏秋冬」の四季があります。

わたしは、冠婚葬祭は「人生の四季」だと考えています。七五三や成人式、長寿祝いといった儀式は人生の季節であり、人生の駅です。セレモニーも、シーズンも、ステーションも、結局は切れ目のない流れに句読点を打つことにほかなりません。

わたしたちは、季語のある俳句という文化のように、儀式によって人生という時間を愛でているのかもしれません。それはそのまま、人生を肯定することにつながります。

未知の超高齢社会を迎えた日本人には「老いる覚悟」と「死ぬ覚悟」が求められます。それは、とりもなおさず「人生を修める覚悟」でもあります。

冠婚葬祭という日本人の「こころ」の「かたち」には、わたしたちが人生を豊かに生き、人生を美しく修める知恵がたくさん詰まっています。

「初宮祝」で氏神様に成長を祈る

　初宮祝いは、赤ちゃんが生後はじめて氏神（産土《うぶすな》）神社に参拝する人生儀礼です。宮参りともいいます。男児は三十二日目、女児は三十三日目にするのが一般的です。地方により日取りはまちまちで、百日目に宮参りをするしきたりもあります。

　かつてはお産を穢《けが》れと考えたため、母子の身が潔《きよ》まるのを待って氏神に詣でました。子どもを氏子にしてもらうよう、氏神様に子どもを見せるのが目的でしたから、氏神様が見落とさないよう、赤ちゃんをつねって泣かせたところもあります。

　現在では子どものすこやかな成長を神に祈る意味で宮参りをします。神道で葬儀をする家以外は、土地の氏神様以外でも、どこの神社にお参りしてもかまわないでしょう。

　両親が結婚式を挙げたホテルや式場で宮参りをするのも感慨深いものです。日取りは生後一カ月くらいの天気のよい、母子ともに体調のいい日を選びましょう。

　しきたりで赤ちゃんに無地一つ身の着物を着せ、妻の里から贈られた、男児はのし目、女児は友禅の祝い着で赤ちゃんをおおうようにして夫の母親が抱いていきます。

　神社では産婦ともどもお祓いを受け、神社からの帰りには内祝いの品を近所、親類に配りました。内祝いを受け取る側は、犬張り子やでんでん太鼓を用意し、赤ちゃんの内祝い着のひもを結んであげたりしたものです。

　赤ちゃんの祝い着を正式に調えたら、付き添いの人も、男性はスーツ、女性は無地の着物か訪問着にします。最近は、若い両親が選んだベビードレスで宮参りをする人も増えていますが、この場合は女性も洋装でかまいません。

　お礼まわりはごく近所に限らないと、母子の健康にさわります。設備が整ったホテルなどに実家の両親を招いて会食するほうが合理的といえるでしょう。内祝いを受け取る側は、お年玉程度の現金をおひねりにするかポチ袋に入れて渡すのが一般的です。

　神職に祝詞《のりと》をあげてもらった場合は、「御初穂料」などと上書きしたのし袋か封筒に現金を入れて渡しますが、最近では必要な初穂料の額を明示する神社が多くなっています。見当がつかないようであれば事前に神社へ相談すればよいでしょう。

　「氏子入り」とはコミュニティの一員に加えてもらうことです。出産祝いの礼状や内祝いなど、赤ちゃんがお世話になる方々への挨拶をこの機会にすませます。

「七五三」は霊魂安定の通過儀礼

子どもの成長を祝う人生儀礼が七五三です。

少子化で一人当たりの子どもにかける金額は増加しています。最近は、ホテルなどで祭典・衣裳・写真・食事を一体化した「七五三パック」が人気のようです。

日本には古来より「七歳までは神の内」という言葉や、七歳までに死んだ子どもには正式な葬式を出さず仮葬をして家の中に子供墓をつくり、その家の子どもとして生まれ変わりを願うといった習俗がありました。

つまり、子どもというものはまだ霊魂が安定せず「この世」と「あの世」の狭間にたゆたうような存在であると考えられていたのです。

七五三はそうした不安定な存在の子どもが次第に社会の一員として受け容れられていくための大切な通過儀礼です。一般に三歳の男女と五歳の男児、七歳の女児を対象にこれまでの無事の感謝とさらなる成長を祈願して氏神に参詣する儀礼ですが、その時代や地方によって年齢と性別の組み合わせはさまざまで、二歳や九歳で同様の儀礼を行うところもあります。十一月十五日という日付の由来にも諸説あり、地方によっては必ずしもこの日に行われてはいません。

現在のような華美な七五三の風景は明治以降のものです。七五三では、子どもの無事の成長を祝います。人間の場合は、外敵もいないわけではありませんが、むしろ病気や飢餓で亡くなる子どもが多く、貧しい家では産むことさえ難しかったのです。

かくも子どもが無事に成長するということは大変なことだったのです。

だからこそ、七五三でわが子の成長を確認する喜びはひとしおです。子どもの方も、幼いながらも親の愛情を一身に浴びて育てられているという実感が、ハレの着物や珍しい千歳飴などから伝わってきます。七五三とは、子どもの存在を全面的に肯定し、その成長を祝福することです。幼いなりに、親に深く愛されているという安心感と満足感と感謝の念が心の中に湧いてくるのではないでしょうか。

わたしが社長を務める冠婚葬祭互助会では、七五三を迎えた児童養護施設のお子さんに無償での晴れ着提供と写真撮影を行っています。そこには、「あなたが生まれたことは正しい」というメッセージが込められています。

「成人式」は戦後に広まった

一月の第二月曜日は「成人の日」です。「おとなになったことを自覚し、みずから生き抜こうとする青年を祝いはげます」ことを趣旨としています。

この日、あるいは近い土曜日や日曜日には、各市区町村で新成人を招いて成人式が行われます。最近は「二十歳のつどい」とか「二十歳の式典」などと称するものも増えてきました。豪雪の影響や帰省しやすい時期等を考慮して大型連休中やお盆に行われる地方も多くなっています。今では「成人の日」は一月の第二月曜となっていますが、それ以前は一月十五日と決まっていました。〝荒れる成人式〟がマスコミを賑わせて久しいです。

そもそも、成人式とは何でしょうか。

じつは、現在のような自治体主催の成人式の歴史は古くありません。十五日を「成人の日」と定めたのは、昭和二三（一九四八）年施行の「国民の祝日に関する法律」であり、成人式が全国的に広まったのはそれ以降のことでした。ただし、それには前史があります。一つは埼玉県蕨《わらび》町（現・蕨市）の成年式です。終戦翌年の十一月、復員や物資欠乏という世相の中、若者を元気づけようと、地元の青年団などが主催して、お汁粉や芋菓子を振る舞いました。蕨市はこれが成人式の最初だとして、アピールしています。

しかし、もう一つ、じつは成人式には戦前の徴兵検査の名残があります。明治以降、満二十歳に達した男子がこれを受けることが成人のしるしとされてきたのです。

現代社会では大学入試や新入社員研修などにその伝統を見ることができます。成人儀礼とは何よりイニシエーション、つまり通過儀礼なのです。

さらに成人式には「あなたは社会人になった」「おめでとう」と伝える場であり、新成人はここまで育ててくれた親や地域社会の人々へ「ありがとう」「立派な社会人になります」という感謝と決意を伝える場としての意味もあるのではないでしょうか。

わたしが社長を務める冠婚葬祭互助会では、児童養護施設出身の新成人に無償での晴れ着提供と写真撮影を行っています。「成人になれること」への周囲への感謝を忘れず、「成人になること」の重みと責任を感じている新成人のみなさんの応援をさせていただいています。

成人式とは、ド派手衣装を着て騒いだり、一升瓶を持って暴れたりする場ではありません。そういう者は一生、「大人」にはなれないでしょう。

「結婚式」は男女の魂を結ぶ儀式

いま、入籍のみで結婚式はしていない、いわゆる「ナシ婚派」が入籍者の約半数を占めています。その三大理由は、多い順に「経済的事情」「さずかり婚（子どもができたため出産、育児を優先）」「セレモニー行為が嫌」だといいます。

三位の「セレモニー行為が嫌」については、感謝の「こころ」を「かたち」にして届けるという婚礼本来の意味が伝わっていない人の選択と言えます。

わたしが経営するホテルでは、「婚礼本来の意味」を伝えるために「親子でウエディング体験会」というイベントを行っています。地元の小学生とその親を対象に、経験豊かなウエディング・プランナーを講師にして、結婚式についての「あるあるクイズ」、また「チャペルウエディング」や「披露宴」などを通じ、結婚式の模擬体験を行っています。

さらにイベントのクライマックスでは、小学生全員に、一緒に参加している親御さんに対して「感謝の手紙」を読んでもらいます。それは感謝の「こころ」を「かたち」にして届けることで、儀式の本質的な意義に、実体験を通じて少しでも触れてほしいと思うからです。イベント終了時には、参加いただいた感謝の気持ちを込めて、参加者全員に「修了証書」を贈らせていただきます。

講師を務めるウエディング・プランナーの姿を見て、「この仕事をやってみたい！」というお子さんや、新郎新婦モデルを見て「いつかは、自分も花嫁さんに！」と思ってくれる憧れ派も出てくれたら嬉しいです。さらにこの機会を通じて、「家族や兄弟、友だちとの絆」を感じてくれる子どもたちも出てくるかもしれません。非日常的な結婚式だからこそ、今後も実体験を通じて「気づく機会」を提供していく必要があると考えます。

結婚式を挙げる日本人は減少する一方です。

先に指摘した三つの理由のほか、少子化、非婚化に加えて、コロナ禍によって全国の結婚式場の数は大きく減りました。そんな中、各地でホテル・結婚式場を運営しているわたしの会社では三つのスタイルのウエディングを新たに提案しています。

一つ目は「フォト・ウエディング」。いわゆる「写真だけの結婚式」です。わが社では衣裳・スタジオを直営しているため、質の高いサービスをリーズナブルに提供することができます。日本庭園での和装姿や、ガーデンでのロケーション撮影が特に人気です。

続いては「顔合わせのお食事会」。披露宴は挙げないカップルからも高い人気があります。

フォト・ウエディングと合わせた「ハイブリッド婚」も増えています。

そして発表後、最も注目されているのが「エンジェル・ウエディング」。これは産まれた子どものお披露目も兼ねた新たなウエディングの「かたち」です。「子どもができたからしない」ではなく、「子どもがいるからこそする」、非常にポジティブな発想から生まれたセレモニーです。新郎新婦が赤ちゃんを抱いて入場するシーンはとても微笑ましいもの。まさにエンジェルの笑顔で会場は一気にアットホームなムードに包まれていきます。

結婚式とは新郎新婦が永遠に添い遂げることを誓うセレモニーであると同時に、家族や親族や友人へ感謝の「こころ」を届ける「かたち」でもあります。「感謝もまったくナシ婚」ではいただけません。今後も、わたしたちは多様なセレモニーを提案しながら新郎新婦の魂を結ぶ「結魂」のお手伝いをし、かつ両家の御縁も結ぶ「きっかけ作り」をしたいと考えています。

しかしながら、わたしが最も重視するのは「和婚」です。

以前、わが社の結婚式場で挙式されたカップルの追跡調査を行ったことがあります。わが社では、神前式をはじめ教会式、人前式とあらゆるスタイルの結婚式を提供していますが、調査の結果、興味深いデータが出ました。なぜか神前式をあげたカップルの離婚率が、その他のスタイルに比べて、とても低いのです。興味を抱いたわたしは、他の結婚式場やホテルの経営者にもたずねてみましたが、答えは同じでした。

なぜ神前式のカップルは離婚しにくいのか。いろいろ理由はあると思いますが、何よりも「神道」という宗教が持つ寛容性と、「結婚」という行為とが、日本人にとっては相性が良いのではないかと思います。

もともと結婚とは、男性と女性が結びついて新しい生命をつくり出す、「産霊《むすび》」の行為を意味します。これは神道における最上のコンセプトです。

ユダヤ教、キリスト教、イスラム教はその源を一つとしながらも異なる形で発展しましたが、成り立ちをたどれば、他の神を認めない一神教です。

一方、八百万の神々をいただく多神教としての神道では、他の神の存在を認め、共存していけるところに特徴があります。自分だけを絶対視しない。自己を絶対的中心とはしない。根本的に開かれていて寛容である。他者に対する畏敬の念を持っている。

このような神道の特徴は、そっくりそのまま日本人の結婚生活にフィットするところがあるのではないかと推測します。

「長寿祝い」で老いを前向きに

わたしたちは何よりもまず、「人は老いるほど豊かになる」ということを知らなければなりません。現代の日本は、工業社会の名残りで「老い」を嫌う「嫌老社会」です。

前代未聞の超高齢社会を迎えたわたしたちに今、もっとも必要なのは「老い」に価値を置く好老社会の思想であることは言うまでもありません。そして、それは具体的な政策として実現されなければなりません。

世界に先駆けて超高齢社会に突入した現代の日本こそ、世界のどこよりも好老社会であることが求められます。日本が嫌老社会で老人を嫌っていたら、何千万人もいる高齢者がそのまま不幸な人々になってしまい、日本はそのまま世界一不幸な国になります。逆に好老社会になれば、世界一幸福な国になれるのです。まさに「天国か地獄か」であり、わたしたちは天国の道、すなわち人間が老いるほど幸福になるという思想を持たなければなりません。

仏教では「老い」を四苦つまり苦悩の一つとして考えますが、日本の神道は「老い」というものを神に近づく状態としてとらえています。神への最短距離にいる人間のことを「翁《おきな》」と呼びます。また七歳以下の子どもは「童《わらべ》」と呼ばれ、神の子とされます。つまり、人生の両端にたる高齢者と子どもが神に近く、それゆえに神に近づく「老い」は価値を持っています。だから、高齢者はいつでも尊敬される存在なのです。

アイヌの人々は、高齢者の言うことがだんだんとわかりにくくなっても、「老人ぼけ」とか「認知症」などとは決して言いません。高齢者が神の世界に近づいていくので、「神言葉」を話すようになり、そのために一般の人間にはわからなくなるのだと考えるのだといいます。これほど、「老い」をめでたい祝いととらえるポジティブな考え方があるでしょうか。人は老いるほど、神に近づいていく、つまり幸福になれるのです。

日本には、長寿祝いというものがあります。六一歳の「還暦」、七〇歳の「古稀」、七七歳の「喜寿」、八〇歳の「傘寿」、八八歳の「米寿」、九〇歳の「卒寿」、九九歳の「白寿」、などです。還暦は、生まれ年と同じ干支の年を迎えることから暦に還《かえ》るといいます。古稀は、中国唐代の詩人、杜甫《とほ》の詩である「人生七十古来稀也」に由来。喜寿は、喜の草書体が「七十七」であることから。傘寿は傘の略字が「八十」に、米寿は八十八が「米」の字に、卒寿は卒の略字の「卆」が九十に通じます。そして白寿は、百から一をとると、字は「白」になり、数は九十九になるというわけです。

沖縄の人々は「生年祝い」としてさらに七三歳、八五歳、九七歳にも長寿を盛大に祝い、最後はカチャーシーを踊ります。結婚披露宴をはじめとして、沖縄の祝宴にはカチャーシーがつきものです。老若男女がみんな踊るさまは、本当にほほ笑ましいものです。しかも、おそらく踊っている人たちの祖先たちも、姿は見えないけれどそこにいて、一緒になって踊っているという気配がします。カチャーシーのリズムに身を任せていると、「生命は永遠である」という不思議な実感が湧いてきます。

わたしは長寿祝いにしろ、生年祝いにしろ、今でも「老い」をネガティブにとらえる「老いの神話」に呪縛されている者が多い現代において、非常に重要な意義を持つと思っています。それらは、高齢者が厳しい生物的競争を勝ち抜いてきた人生の勝利者であり、神に近い人間であるのだということを人々にくっきりとした形で見せてくれるからです。それは大いなる「老い」の祝宴なのです。

かつて、古代ギリシャの哲学者であるソクラテスは「哲学とは、死の予行演習」と言いましたが、「死の予行演習」である哲学の実践として二つの方法があるように思います。一つは、他人のお葬式に参列すること。もう一つは、自分の長寿祝いを行うこと。神に近づくことは死に近づくことであり、長寿祝いを重ねていくことによって、人は死を思い、死ぬ覚悟を固めていくことができます。もちろん、それは自殺などの問題とはまったく無縁で、あくまでもポジティブな「死」の覚悟です。「人生を修める」覚悟です。

人は長寿祝いで自らの「老い」を祝われるとき、祝ってくれる人々への感謝の心とともに、いずれ一個の生物として自分は必ず死ぬのだという運命を受け入れる覚悟を持ちます。また、翁《おきな》あるいは媼《おうな》となった自分は、死後、ついに神となって愛する子孫たちを守っていくのだという覚悟を持ちます。祝宴のなごやかな空気のなかで、高齢者にそういった覚悟を自然に与える力が、長寿祝いにはあるのです。

そういった意味で、長寿祝いとは生前葬でもあります。長寿祝いは、「老い」から「死」へ向かう人間を励まし続ける心ゆたかな文化なのです。

「葬儀」は人生最大の儀式

人生における最大の儀式として葬儀があります。

わたしは、葬儀とは「物語の癒し」であると考えています。愛する人を亡くした人の「こころ」は不安定に揺れ動いていきます。大事な人間が消えていくことによる、これからの生活に対する不安。その人がいた場所がぽっかりあいてしまい、それをどうやって埋めたらよいのかといった不安。残された人は、このような不安を抱えて数日間を過ごさなければなりません。「こころ」が動揺していて矛盾を抱えているとき、この「こころ」に儀式のようなきちんとまとまった「かたち」を与えないと、人間はいつまでたっても不安や執着を抱えることになります。これは非常に危険なことなのです。

古今東西、人間が死ぬことは避けられません。いつか必ず訪れるこの危険な時期を乗り越えるためには、動揺して不安を抱え込んでいる「こころ」に一つの「かたち」を与えることが大事であり、ここに、葬儀を行う最大の意味があるのです。

では、この「かたち」はどのようにできているのでしょうか。

仏式葬儀をみてもわかるように、死者がこの世から離れていくことをくっきりとした「ドラマ」にして見せることによって、動揺している人間の「こころ」に安定を与えるのです。ドラマによって「かたち」が与えられると、「こころ」はその形に収まっていき、どんな悲しいことでも乗り越えていけます。つまり、「物語」というものがあれば、人間の「こころ」はある程度、安定するものなのです。逆にどんな物語にも収まらないような不安を抱えていると、「こころ」はいつもグラグラ揺れ動いて、愛する肉親の死をいつまでも引きずっていかなければなりません。死者が遠くへ離れていくことをどうやって演出するかということが、葬儀の重要なポイントです。それをドラマ化して、物語とするために葬儀というものはあるのです。

また葬儀には、いったん儀式の力で時間と空間を断ち切ってリセットし、もう一度、新しい時間と空間を創造して生きていくという意味もあります。

もし、愛する人を亡くした人が葬儀をしなかったらどうなるか。そのまま何食わぬ顔で次の日から生活しようとしても、喪失で歪んでしまった時間と空間を再創造することができず、「こころ」が悲鳴を上げてしまうのではないでしょうか。

さらに一連の法要は、故人を偲び、冥福を祈るためのものです。故人に対し、「あなたは亡くなったのですよ」と現状を伝達する役割、また遺族の心にぽっかりと空いた穴を埋める役割もあります。つまるところ、動揺や不安を抱え込んでいる「こころ」に「かたち」を与えることが大事なのです。儀式には、人を再生する力があるのです。

葬儀には、主に五つの役割があるとされています。それは、社会への対応、遺体への対応、霊魂への対応、悲しみへの対応、さまざまな感情への対応です。

さまざまな感情とは「怒り」や「恐れ」などです。具体的には、「どうして自分を残して死んでしまったのだ」という怒り、あるいは葬儀をきちんと行わないと「死者から祟《たた》られるのではないか」という恐れなどです。しかし、遺《のこ》された人々のほとんどが抱く感情とは「怒り」でも「恐れ」でもなく、やはり「悲しみ」でしょう。ここでは、「悲しみへの対応」としての葬儀について考えたいと思います。

「悲しみへの対応」とは、遺族に代表される生者のためのものです。遺された人々の深い悲しみや哀惜の念を、どのように癒していくかという対応方法のことです。通夜、葬儀、告別式、その後の法要などの一連の行事が、遺族に「あきらめ」と「決別」をもたらしてくれます。このように葬儀とは、物語の力によって遺された人々の悲しみを癒す文化装置なのです。

また、葬儀は遺族にとって「こころ」の接着剤の役目も果たします。愛する人を亡くした直後、遺された人々の悲しみに満ちた「こころ」は、ばらばらになりかけます。それを一つにつなぎとめ、結び合わせる力が葬儀にはあるのです。

多くの人は、愛する人を亡くした悲しみのあまり、自分の「こころ」のうちに引きこもろうとします。誰にも会いたくありません。何もしたくありませんし、一言もしゃべりたくありません。ただ、ひたすら泣いていたいのです。しかし、そのまま数日が経過すれば、いったいどうなるでしょうか。遺された人は、本当に人前に出られなくなってしまい、誰とも会えなくなってしまうのではないでしょうか。

葬儀は、いかに悲しみのどん底にあろうとも、その人を人前に連れ出します。引きこもろうとする強い力を、さらに強い力で引っ張り出すのです。葬儀の席では、参列者に挨拶をしたり、お礼の言葉を述べたりしなければなりません。それが、遺された人を「この世」に引き戻す大きな力となっているのです。

わたしは、「葬儀というものを人類が発明しなかったら、おそらく人類は発狂して、とうの昔に絶滅していただろう」と、ことあるごとに言っています。ある人にとって、愛する人が亡くなるということは、その人の住む世界の一部が欠けるということです。欠けたままの不完全な世界に住み続けることは、必ず精神の崩壊を招きます。不完全な世界に身を置くことは、人間の心身にものすごいストレスを与えるわけです。

まさに、葬儀とは儀式によって悲しみの時間を一時的に分断し、物語の癒しによって、不完全な世界を完全な状態に戻すことにほかなりません。葬儀によって心に「けじめ」をつけるとは、壊れた世界を修繕するということです。

やはり人類は埋葬という行為によって文化を生み出し、人間性を発見したのだと確信します。ヒトと人間は違います。ヒトは生物学上の種にすぎませんが、人間は社会的存在です。ある意味で、ヒトはその生涯を終え、自らの葬儀を多くの他人に弔ってもらうことによって初めて人間となることができるのかもしれません。

葬儀とは、人間の存在理由に関わる重大な行為なのです。人類という生物にとって、「死を悼み、そして死者を弔う」という行為は、自らのアイデンティティにもかかわる最重要問題といっても過言ではありません。

日本人はよく信仰心が薄いなどと言われます。外国に行って「あなたの宗教は何ですか」と問われ、とまどった経験をもつ日本人も少なくないはずです。でも日本人には素晴らしい死生観があります。かつて言われていた「人が死んで四十九日が過ぎれば、近くの山に魂が帰ってきて、子孫を見守っている」という祖霊観もそのひとつです。しかもその魂は孫に乗り移るともいわれました。日本民俗学の父の一人である柳田國男の『先祖の話』に詳しく書かれています。江戸時代までは葬式、とくに個人葬というのは特権階級のものでした。多くの一般庶民は、村の共同墓地に埋葬され、跡継ぎや身内にかかわらず、村の人々が全員で共同墓地に花を捧げていました。

「村八分」という言葉がありますが、成人式、結婚式、出産、病気の世話、新改築の手伝い、水害時の世話、年忌法要、旅行という「八分」は差別を受けましたが、火事が起きた時の消火活動と葬式の世話の「二分」に関しては共同体の中で認められていました。村八分にされている家であっても、死者が出れば、葬式だけは村人が手伝ってきたわけです。葬式というものが、いかに最重要事であったかがわかります。

よく「葬式仏教」とか「先祖供養仏教」とか言われますが、日本の仏教が葬式と先祖供養によって社会的機能を果たし、また一般庶民の宗教的欲求を満たしてきた事実だけは認めなければなりません。「葬式仏教」の本質は「グリーフケア仏教」であると思います。互助会や葬儀社がグリーフ（喪失の悲嘆）ケア・サポートの力をつければ、もしかすると「葬儀の場面から宗教なんていらない」ということにもなりかねません。

しかし、一方で、日本の宗教の強みは葬儀にあるとも思います。仏式葬儀の第一の目的は、死者を「成仏」させることです。「成仏」というのは有限の存在である「ヒト」を「ホトケ」という無限の存在に転化させるシステムではないでしょうか。ホトケになれば、永遠に生き続けることができます。仏式葬儀には、ヒトを永遠の存在に転化させる機能があるのです。

「法事」「法要」とグリーフケア・サポート

年忌法要というものは、実によくできていると思います。

年忌法要そのものが日本人の死生観に合ったグリーフケア文化となっています。

故人の肉体は消えても、その思い出は消えません。法要や供養で、冥福を祈ります。

仏教では、死者がこの世を出てあの世に到るまでの期間を「中有《ちゅうう》」とか「中陰《ちゅういん》」といい、その間は七日ごとに故人を供養する法要を営むことになっています。この七日ごとに、閻魔大王をはじめとする十王が死者への審判をくだすとされ、この最後が七回目で、四十九日に忌明けとなるわけです。

七回の法要は、死亡した日を入れて七日目を初七日、十四日目を二七日《ふたなのか》、二十一日目を三七日《みなのか》、二十八日目を四七日《よなのか》、三十五日目を五七日《いつなのか》、四十二日目を六七日《むなのか》、四十九日目を七七《しちしち》日《にち》などといいます。

これらの日の中でも、とくに重要とされるのは初七日と七七日です。七七日をすぎると、百カ日の法要が行われます。そのほか、毎月の命日（月忌）にも法要を営むのが本来ですが、月忌に僧侶を招いて読経することは少なくなっています。

初七日は、最初の忌日《きじつ》にあたります。親族や故人の親友、知人などを招き、僧侶に読経してもらい、焼香のあと、精進料理でもてなします。しかし、このごろは初七日は葬儀当日に火葬場から帰ったあとに営むことが多くなりました。遠方から親族が再び同じ日に集まるということが難しくなったということからです。初七日の法要は、地方や宗派によってはその前夜（逮夜《たいや》）を重視し、逮夜法要を営むこともあります。

七七日忌（四十九日）の法要は初七日同様に僧侶に来てもらい、読経をして、墓参り（埋骨をすることが多い）のあと、会食をするのがしきたりになっています。この日は忌明けなので、精進料理でなく、生ぐさ物を食べてもかまいません。地方や宗派によっては、五七日を忌明けとし、盛大に法要を営むこともあります。

仏教の供養は悲嘆にある方の心を癒してくれる先人の知恵です。大切な人が亡くなると、葬儀で送る前に、通夜があります。ご遺体のそばにご遺族や親戚や知人が集まり、亡き人との別れを惜しみます。葬儀後も、初七日、四十九日法要、一周忌、三回忌、七回忌、十三回忌……と、供養が営まれます。

このしきたりは、ご遺族の悲しみの心を軽くするものです。法要のたびに親戚が集まることによって、遺族に「亡き人のことを忘れてはいません」「残された家族のことをみんなで心にかけています」という思いを伝えているのです。まさに「こころ」の文化です。

二〇一一年三月一一日、東日本大震災が発生し、多くの方々が犠牲となられました。

その年の夏、東北の被災地が震災の犠牲者の「初盆」を迎えました。この「初盆」は、生き残った被災者の心のケアという側面から見ても非常に重要でした。

通夜、告別式、初七日、四十九日……と続く、日本仏教における一連の死者儀礼の流れにおいて、初盆は一つのクライマックスでもあります。日本における最大のグリーフケア・システムと言ってもよいかもしれません。

そして、次の大事なことを忘れてはなりません。それは、基本的に葬儀がなければ、初盆はないということです。葬儀があって、初七日や四十九日があって、初盆が来るのです。小学校に入学しなければ運動会や修学旅行を経験できないように、葬儀をきちんと行わなければお盆というのは来ないのです。

「卒業」と「祝い」

つねづね思うのですが、すべての通過儀礼の本質とは「卒業式」ではないでしょうか。

七五三は乳児や幼児からの卒業式であり、成人式は子どもからの卒業式。通過儀礼の「通過」とは「卒業」のことではないでしょうか。

結婚式も同様です。結婚披露宴で一番感動を呼び、参列者の間に共感を生むもの、それは花嫁による両親への感謝の手紙です。そこには、今まで育ててくれた両親への感謝の言葉とともに、家族から巣立ってゆくことの寂しさ、そして夫となる人とともに新しい家族を築いていくことへの希望と決意が述べられています。

なぜ、昔から花嫁の父親の多くが結婚式で涙を流すのでしょうか。

それは、結婚式の本質が卒業式であり、家庭という学校から卒業してゆく娘を校長として愛しく思うからにほかなりません。

そして、葬儀は人生の卒業式です。日本人は人が亡くなると「不幸があった」などと言いますが、この世に死なない人間はいません。必ず訪れる「死」が不幸であるなら、どんなに素晴らしい生き方をしようが、あらゆる人生そのものも不幸でしかないことになります。これでは最初から〝負け戦〟に出るもので、そんな馬鹿な話はありません。

卒業式は、祝われるべきセレモニーです。わたしは、「祝う」という営み、特に他人の慶事を祝うということが人類にとって非常に重要なものであると考えています。

なぜなら、祝いの心とは、他人の「喜び」に共感することだからです。それは、他人の「苦しみ」に対して共感するボランティアと対極に位置するものですが、両者とも他人の心に共感するという点では同じです。

「他人の不幸は蜜の味」などと言われます。たしかに、そういった部分が人間の心に潜んでいることは否定できませんが、他人を祝う心とは、最高にポジティブな心の働きであると言えるのではないでしょうか。

「祝」に似た字に「呪」がありますが、どちらも「兄」がつきます。

漢字学の第一人者であった白川静によれば、「呪」も「祝」も神職者に関わる字であり、「まじない」の意味を持つといいます。

「呪い」も「祝い」も、もともと言葉が「告《の》る」つまり「言葉を使う」という意味だとされます。心の負のエネルギーが「呪い」であり、心の正のエネルギーが「祝い」ということです。

誹謗《ひぼう》中傷が飛び交うＳＮＳ時代は新たなる「呪い」の時代でもあります。そのようなネガティブな「呪い」を解く最高の方法とは、冠婚葬祭に代表されるポジティブな「祝い」を行うことです。

冠婚葬祭という営みは、「心ゆたかな社会」としての「ハートフル・ソサエティ」を志向しています。それは、あらゆる人々が幸福になろうとし、思いやり、感謝、感動、癒し、そして共感などが何よりも価値を持つ社会のことです。

人類はこれまで、農業化、工業化、情報化という三度の大きな社会変革を経験してきました。それらの変革はそれぞれ、農業革命、産業革命、情報革命と呼ばれます。第三の情報革命とは、情報処理と情報通信の分野での科学技術の飛躍が引き金となったもので、変革のスピードはインターネットの登場によってさらに加速する一方です。

わたしたちの直接の祖先をクロマニョン人などの後期旧石器時代（およそ三万年～一万年前）に狩猟中心の生活をしていた人類とすれば、狩猟採集社会は数万年という単位で農業社会に移行したことになります。そして、農業社会は数千年という単位で工業社会に転換し、さらに工業社会は数百年という単位で二〇世紀の中頃に情報社会へ転進したわけです。

それぞれの社会革命ごとに持続する期間が一桁ずつ短縮しているわけで、すでに数十年を経過した情報社会が第四の社会革命を迎えようとしていると考えることは、きわめて自然だと言えるでしょう。

わたしは、その第四の社会とは人間の「心」というものが最大の価値を持つ「心の社会」であると考えています。その「心の社会」を、わたしは「ハートフル・ソサエティ」と呼んでいます。人間尊重の精神を基本に、人生を肯定し、「おめでとう」と「ありがとう」の声が活発に行き交う社会といったイメージです。

いじめ、暴力、虐待、うつ、自殺、孤独死、路上死……わたしたちの社会は、さまざまな深刻な問題を抱えています。そんな社会にあってこれからも、「おめでとう」と「ありがとう」の声が行き交うハートフル・ソサエティの実現を目指していきたいと思います。

「宗遊」の時代

「文化」の正体とは何でしょうか。いろいろな見方はあるとは思いますが、人間の文化的活動は主に「哲学・芸術・宗教」に集約されるという考え方があります。

二〇世紀の終わり、さまざまな場面で、「二一世紀は、哲学・芸術・宗教の時代である」と言われてきました。フランスの文化相も務めた作家アンドレ・マルローは「二一世紀はスピリチュアリティ(精神性)の時代である」と述べましたが、わたしはより具体的に、哲学・芸術・宗教が人々の主要な関心事になる時代と表現してきました。

そもそも哲学とは何でしょうか。また、芸術とは、宗教とは何か。

一言で語るならば、それらは人間が言語を持ち、それを操り、意識を発生させ、抽象的な思考力を持つようになった代償として得たものです。

わたしたちが知っているような話し言葉の誕生が、人類の先史時代を特徴づける一つの出来事だったことに疑問の余地はありません。あるいは、それこそが実際に先史時代を特徴づけた決定的な出来事だったのかもしれません。

言語を身につけた人類は、自然界に新たな世界をつくり出すことができました。つまり、内省的な意識の世界と、他者とともにつくりあげて共有する世界、わたしたちが「文化」と呼ぶものです。ハワイの言語学者デレック・ビッカートンは、「言語こそが、人間以外のあらゆる生物を拘束する直接体験という監獄を打ちこわし、時間や空間に縛られない無限の自由へとわれわれを解き放ったのである」と述べています。

人間は言葉というものを所有することによって、現実の世界で見聞したり体験したりしたことのない、もしくは現実の世界には存在しない抽象的イメージを、それぞれの意識のなかに形づくることができます。そして、そのイメージを具現化するために自らの肉体を用いて自然を操作することができるのです。まさしく、その能力を発揮することが文明でした。それによって人間はこの自然の上に、田や畑や建造物などの人工的世界を建設し、地球上で最も繁栄する生物となったのです。

抽象的なイメージ形成力を持ち、自然を操作する力を持ち、自らの生存力を高めてきた人間ですが、その半面で言語を持ったことにより大きな原罪、あるいは反対給付を背負うことになりました。人間はもともと宇宙や自然の一部であると自己認識していました。しかし、意識を持ったことで、自分がこの宇宙で分離され、孤立した存在であることを知り、意識のなかに不安を宿してしまったのです。

実存主義の哲学者たちは、それを「分離の不安」と言います。しかし、不安を抱えたままでは人間は生きにくいので、それを除去する努力をせざるを得ませんでした。この営みこそが文化の原点であり、それは大きく哲学・芸術・宗教と分類することができます。したがって、文明と文化は相互補完の対概念であると言えるでしょう。

「分離の不安」が言語を宿すことによって生じたのであれば、麻薬を麻薬で制するがごとくに、言語を十分に使いこなすことによって真理を求め、悟りを開こうとしたのが哲学でした。また、その言語を操る理性や知性からもう一度「感性」のレベルに状態を戻し、不安を昇華させようとする営みが芸術であると言えるでしょう。そして宗教とは、その教義の解読とともに、祈り、瞑想などの行為を通して絶対者、神、仏、ブラフマン（ヒンドゥー教における「宇宙の根理」）といったこの世の創造者であり支配者であろうと人間が考える存在に帰依し、悟ろうとしたり、心の安らぎを得ようとしたりする営みだったのです。

このように、哲学・芸術・宗教は同根であり、人間が言語を操って抽象的イメージを形成し、文明を築いていく代償として「分離の不安」を宿したことへのリアクションだと言えます。インターネットに象徴されるさまざまなテクノロジーやグローバルな資本主義によって、人類はますます文明化していきます。その結果として、二一世紀はまた、哲学・芸術・宗教のルネッサンスの世紀となるように思われます。

哲学・芸術・宗教を統合するものとして、わたしは「宗遊」という言葉を提唱しています。宗教の「宗」という文字は「もとのもと」という意味で、わたしたち人間が言語で表現できるレベルを超えた世界です。いわば、宇宙の真理のようなものです。その「もとのもと」を具体的な言語とし、習慣として継承して人々に伝えることが「教え」なのです。だとすれば、明確な言語体系として固まっていない「もとのもと」の表現もありうるはずで、それが儀礼であり、広い意味での「遊び」だと言えます。

「宗遊」には、もう一つの意味もあります。ずばり、「葬儀」の別名です。わたしは『唯葬論』(三五館、サンガ文庫)の中で「葬儀は遊びよりも古い」と記しました。実際、世界的に見ても相撲・競馬・オリンピックなどの来歴の古い「遊び」の起源はいずれも葬儀と深い関係があります。

古代の日本では、天皇の葬儀にたずさわる人々を「遊部《あそびべ》」と呼んでいました。葬儀と「遊び」とのつながりをこれほど明らかにする言葉はありません。そもそも、はるか七万年前、ネアンデルタール人が最初に死者に花を手向けた瞬間から、あらゆる精神的営為は始まりました。これからの多死時代において、葬儀のもとに、「死」を見つめ、魂を純化する営みである哲学・芸術・宗教は統合されるのかもしれません。そして、その大いなる精神の営みはもはや葬儀とは呼ばれず、「宗遊」という新しい名を得るでしょう。

第二部　儀式論

なぜ儀式が必要なのか

「儀式」と聞くと多くの人は、結婚式と葬儀という人生の二大儀礼を思い浮かべるのではないでしょうか。結婚式ならびに葬儀の形式は、国によって、または民族によって著しい差異があります。これは世界各国のセレモニーには、その国で長年培われた宗教的伝統や民族的慣習などが反映しているからです。

哲学者のウィトゲンシュタインは、人間とは「儀式的動物」であると喝破しました。儀式は、地域や民族や国家や宗教を超えて、あらゆる人類が、あらゆる時代において行ってきた文化です。すなわち、儀式なくして文化はありえません。儀式とは「文化の核」と言えるでしょう。

日本には、茶の湯・生け花・能・歌舞伎・相撲・武道といった、さまざまな伝統文化がありま す。そして、それらの根幹にはいずれも「儀式」というものが厳然として存在します。

しかし、いま日本では冠婚葬祭を中心に儀式が軽んじられる傾向にあると言えます。

一九九八年以降、日本人の離婚率が三〇％台を切ることはなく、三組に一組が離婚している状態が続いていきます。価値観の多様化といえば聞こえはいいですが、自由気ままに結婚し、子育てもいい加減にやり過ごした挙句、「価値観」の相違を理由に離婚してしまう。そんな日本人が増えているように思えてなりません。

中国古典の『大学』には八条目という思想があります。

「格物　致知　誠意　正心　修身　斉家　治国　平天下」ですが、ここでは自己を修めて人として自立した者同士が結婚し、子どもを授かり家庭を築いていくことが求められています。国が治まり世界が平和になるかどうかは、「人生を修める」という姿勢にかかっています。

かつての日本は、孔子の説いた「礼」を重んじる国でした。しかし、いまの日本人は「礼」を忘れつつあるばかりか、人間の尊厳や栄辱の何たるかも忘れているように思えます。それは、戦後の日本人が「修業」「修養」「修身」「修学」という言葉で象徴される「修める」という覚悟を忘れてしまったからではないでしょうか。

現在、入籍者のおよそ半数弱が結婚式をしていないと考えられます。いわゆる「ナシ婚」ですが、この三大理由は、「経済的事情」「さずかり婚」「セレモニー的行為が嫌」となっています。これは、冠婚葬祭に代表される儀式の意味を子どもに教えることができなかった「この親」にして「この子」ありとでも言えばいいでしょうか。

「荒れる成人式」が社会問題となり、「若者ならぬ馬鹿者」が後を絶ちません。成人式で「あれこれやらかす輩」が登場するのは一九九〇年代の半ば以降といいます。いまの五〇歳以降の世代です。

結婚式も挙げず、常軌を逸した成人を持つ親たちを待っているのは、通夜も葬式もせずに火葬場所に直行する「直葬」という遺体処理です。この親たちは自分の両親を「家族葬」や「直葬」で送っていますが、果ては自分も子どもたちから「直葬」されるか、死んでも遺体処理もされず「生きていること」にされ、年金の不正受給の盾にされかねません。

家族以外の参列を拒否する「家族葬」という葬儀形態はかなり普及しています。この状況から、日本人のモラル・バリアはすでに葬儀にはなくなりつつあることは言をまちません。

また、家族葬であっても宗教者が不在の無宗教葬儀が増加しています。インターネットで僧侶を依頼するのはまだ手あついとすら考えることもできるでしょう。

さらには、「直葬」も都市部を中心に広がっています。究極は遺骨を火葬場に捨ててくる「0葬《ゼロ》」の登場です。しかしながら、わたしたちは「直葬」や「0葬」がいかに危険な思想を孕《はら》んでいるかを知らなければなりません。

葬儀を行わずに遺体を焼却するという行為は、「人間の尊厳」を最も蹂躙《じゅうりん》する行為であり、かつてそれを実行したナチス、オウム真理教、イスラム国（ＩＳ）の巨大な心の闇に通じているのです。葬儀は「人間の尊厳」に深く関わっているのです。

儀礼と儀式

■儀礼と儀式の違い

冠婚葬祭とは儀礼であり、儀式でもあります。

儀礼と儀式との違いとは何でしょうか。この二つの言葉はよく混同されます。言葉の定義とはやっかいなものです。『広辞苑』をはじめ、国語辞書を引く習慣のある人ならば、ある字義を調べても辞書が解決してくれないことがままあることを知っているでしょう。

「儀式」と「儀礼」についても、辞書的な意味合いとしては明確に違いを説明することは難しいのですが、おおむね、「儀礼」とは社会固有の礼を示すものであり、「儀式」とは儀礼を具体化するための個々の行事である、といった区別がされているように思われます。しかし、ここでは辞書的な解説にとどまらず、このふたつの言葉の相違を「具体的な行為」として明らかにしておく必要があります。それは儀礼との違いを見ることによって、「儀式」の意味がより明確になるからです。

英語では儀礼は「ritual」であり、儀式は「rites」あるいは「ceremony」です。一般的に前者はより抽象的な概念であり、宗教性が強いとされています。

文化人類学者の青木保の『儀礼の象徴性』（岩波現代文庫）によれば、程度の差はあっても、いかなる社会にも「儀礼」は存在し、それが、「ハレ - ケ」の対照のように、はっきりと日常の営みと違った性質をもつことも事実であるといいます。また、人々は、ある社会現象が儀礼か儀礼ではないかを社会生活において明確に区別しているとして、『儀礼の象徴性』で「儀礼」と「儀式」の違いについて述べています。

「儀礼」と「儀式」という、これまで社会人類学でさまざまに論じられてきた問題に対して、両者を分けて考える必要があるとすれば、一方の極に、超越的なまた象徴的な事象と大きくかかわる、旧来考えられてきた「儀礼 ritual」をおき、他方の極に、「儀式」をおいて、パフォーマンスを含む日常的な出来事と重なるレベルを含むこととするとして、青木は「この全体を指して、儀礼 ritual という用語をあてる。しかし、実際に用いるときには、時と状況に応じて、この二つのことばを、そこに示された形式と内容の性質によって使い分けてゆくということにしておく」と述べています。

アメリカの宗教学者であるW・R・コムストックは、『宗教　原始形態と理論』（柳川啓一監訳、東京大学出版会）で、宗教思想というものは人間の行為との関連においてのみ重要な意味を持つと考えました。彼は、儀礼を神話や教義の意味を維持強化するものとしてとらえ、儀礼を詳細に考察しないと、文化や宗教を正しく理解することはできないと指摘します。

「儀式」(ceremony)という言葉は広い意味に解釈すべきであるというコムストックは、「手の込んだ公的な儀礼もさることながら小さな社会単位で行われる簡単な動作、例えば、食事の前に家族が互いにお辞儀をかわすこととか、二人の友人が出会うと握手をすることなどの所作をも含んでいると考えるべきである。さらに、儀礼は神々や超自然界に関わる聖なる祭典と結びつけて考えられがちであるが、世俗的、あるいは非宗教的な儀礼もあるということを忘れてはならない。例えば、或る共同体でかつての英雄がきまった朗唱やその他の象徴的な行為によって定期的に記念されあるいは祝福されるというのは、世俗的儀式の一例である」と述べます。

つまり、「儀式」は必ずしも宗教的な要素を必須とするものではなく、日常的、世俗的に反復される、社会的な行為であるというのです。

キリスト教の教会文書では、「儀礼」は礼拝の形式であり、「儀式」は礼拝をとり行なう具体的方法として「儀礼」と「儀式」を区別するのが習慣です。しかし、イギリスの牧師であり、『言語としての儀礼』(柳川啓一監訳、紀伊國屋書店)の著書があるロジャー・グレンジャーは、「儀礼 ritual」という用語をその双方を同時に意味するものとして使ってきました。

イギリスの女性社会人類学者で英国王立人類学協会の会長も務めたJ・S・ラ・フォンテインは、著書『イニシエーション』（綾部真雄訳、弘文堂）の冒頭において、「儀礼」と「儀式」について見事な定義を行っています。

まずは、「儀礼」の定義を見てみると、ラ・フォンテインは、「儀礼とは社会的行為である。その執行には諸個人の組織化された協力が必要とされ、特定の指導者もしくは複数の指導者が必要である。そこにはどのような人々がどのような機会に参加すべきかについての規則があり、ある種の範疇に属す人々を除外する規則が、それ以外の人々の参加を認めたり、要求したりする規則よりも重要視されることが少なくない。儀礼とはまた、ある特定のパフォーマンスのなかで踏襲されるべき正確かつ倫理的に正当な様式についての一般的承認を持つという意味で、社会的なものでもある。もちろん儀礼の手順に変化が生じることもあるが、それは特定の偶然性を受け入れるか、もしくは、より長期的な意味では、社会のなかでの組織上の変化へ適応するというかたちで生起する。一方で、儀礼は固定化された構造を持っているという一般的了解も存在する。儀礼を理解する上での本質、すなわち、それが必ずなされなければならないものであるという考え方は、人類学的な儀礼の定義の大半において見受けられる。そうした定義はすべて儀礼の社会的本質を認め、この点で、〝儀礼〟を反復的で形式化された行為を意味するものとして捉える倫理学者や精神分析学者らの視点とは一線を画す。踏襲された行為であるだけでは、それがいかに反復的なものであっても、儀礼とはみなせない」と述べています。

ラ・フォンテインによれば、社会的関係は儀礼の編成に反映されます。集団の構成、一連の行為における役割分担、そして、誰が進行を司るのかといったことが、儀礼を行なう結社の構造中に表れているというのです。

一方、「儀式」については、ラ・フォンテインは「儀式（rites）とは、それがいかに曖昧かつ一般的なものであろうと、ある一定の目的を伴った行為の集成である。そしてその目的とは、人々の平和や善意に向けたものであったり、またより限定的にいえば、干ばつに終止符を打たせる雨をもたらすことであったりする。儀礼の特徴であるとされる結果と手段との関係は、通常、それを合理的もしくは技術的な行為と呼ばれるものと対照することにより表現される」と述べています。

つまり、儀礼は社会的関係を象徴的に確認・反復するためのものであるのに対して、儀式は具体的な目的をもつ行為であるとしているのです。

これは非常に明確な定義と言えるでしょう。ここから、儀礼とは文化を文化たらしめるもの、限りなく「文化」の同義語に近いものと考えることができます。そして、儀式とはそれを具象化するもの、つまり文化の「核」になるものと言ってもいいでしょう。

オーストリアの心理学者、精神科医のジークムント・フロイトは、著書『幻想の未来／文化への不満』（中山元訳、光文社古典新訳文庫）において、「文化とは、人間の生を動物的な条件から抜けださせるすべてのものであり、動物の生との違いを作りだすもののことである」と定義していますが、これは「文化」をそのまま「儀礼」に替えたとしても意味が通ります。

フロイトによれば、人間はたえず不安におびえながら、将来を予期して暮らさざるをえません。そのために人間にとってごく自然なものであるナルシシズム（自己愛）は深刻に傷つけられます。そして、人間は文化の機構に抵抗し、文化に敵意を抱くといいます。

フロイトは「文化との和解の道」として、「宗教のもつ歴史的な痕跡を認識することによって、わたしたちは宗教的な教義をいわば、神経症的な遺物として理解することができるようになるのである。神経症の患者を精神分析によって治療するのと同じように、抑圧のもたらした結果を、理性的な精神の働きによって克服すべき時期が到来しているのだと言えるのである。この作業のプロセスにおいては、文化的な規範を儀礼によって神聖なものとすることをやめねばならない。それだけではなく文化的な規範が全般的に手直しされるとともに、多くの規範を廃止しなければならなくなるだろう。これは十分に予測されることであるが、悲しむべきことではないのである」と述べています。

ここでフロイトは「文化的な規範を儀礼によって神聖なものとすることをやめねばならな

い」と述べていますが、じつはここで使われている「文化」という言葉そのものが「儀礼」という言葉に置き換えることができます。そのことにフロイト自身が気づいていないのは、彼にとっての「儀礼」の意味する範疇が狭かったからかもしれません。

「人類の文化は墓場からはじまった」という説があります。約七万年も前、旧人に属するネアンデルタール人たちは、近親者の遺体を特定の場所に葬り、ときには、そこに花を捧げていたことが分かっています。死者を特定の場所に葬るという行為は、その死を何らかの意味で記念することにほかならず、儀礼的行為であると言えます。

ネアンデルタール人たちに何が起こったかは明らかではありませんが、そうした行動を彼らに実現させた想念こそ、原初の宗教を誕生に導いた原動力だったのです。このことを別の言葉で表現するなら、人類は埋葬という儀礼的行為によって文化を生み、人間性を「発見」したのだと言ってよいでしょう。

「儀礼」と「文化」をほぼ同義語ととらえて差し支えないとすれば、埋葬はもちろん、言語も儀礼であり、恋愛や消費や戦争も儀礼です。つまり「儀礼」とは、人間の精神的営為の総称と考えられます。

では、「儀式」とは何でしょうか。儀式は「儀礼」すなわち人間の精神的営為の行動化であり、「儀礼の核」、「文化の核」であると言っても過言ではありません。

■儀礼とは何か

ここで、社会学、宗教学、民俗学、文化人類学などを中心に、「儀礼」研究の歩みを振りかえってみたいと思います。これらの諸学問は、それぞれがクロスオーヴァーしており、混然一体としていると言えます。「儀礼」はそれらを貫く共通テーマです。「儀礼」についての論考を見ていけば、「儀式」の本質も自然に浮かび上がってくるでしょう。

まずは、「フランス社会学の父」と呼ばれるエミール・デュルケムの大著『宗教生活の原初形態』（古野清人訳、岩波文庫∧上下巻∨）を取り上げます。デュルケムはオーギュスト・コント後に登場した代表的な総合社会学の提唱者であり、その学問的立場は、方法論的集合主義と呼ばれました。同書は彼の最後の著作ですが、宗教の本質に迫った名著として、ウィリアム・ジェームズの『宗教的経験の諸相』（桝田啓三郎訳、岩波文庫）とよく比較されます。

ジェームズが個人的な体験としての宗教を活写した一方、デュルケムは宗教を、集合的実在を表明する集合表象として理解しています。宗教には「内面の関係性」と「集団の関係性」の両面がありますが、デュルケムは後者に着目しました。そのため、彼は「未開社会」の儀礼に宗教生活の原初形態を見ようとしたのです。

なぜ人間は儀礼を行うのか。最初の宗教的観念は、しばしば、人間が世界との関係に立ち入るときに捉えられる脆弱さや依存・恐怖や苦悩の感情に帰されると指摘し、デュルケムは「自らが作者である一種の悪夢の生贄となって、人は怖れるべき敵である威力に囲まれているると信じ、儀礼はこれを鎮めることを目的としているといわれた。ところが、われわれは、最初の宗教がまったく別の起源をもつことを示してきたのである。著名な定式（世界では最初に怖れが神を作った）は、何ら事実によって立証されていない。原始人は、その神々を、自らあらゆる価値を払ってもその好意と妥協しなければならない外者・敵者・根本的にまた必然的に悪意ある存在とは見なかった。まったくそれとは反対に、神々はむしろ親友・縁者・当然の保護者であった。これらこそは、原始人がトーテム種の諸存在に与えた名前ではないか。礼拝が向けられる威力を、原始人は自身の上に非常に高く駆け廻ってその優越で圧してくるものとしては表象しない。この威力は反対に、まったくその身辺にあって、しかも、彼が自身の性質としてはもたない有力な力能を交付してくれるのである。おそらく神性は、歴史のこの瞬間におけるほどに、人に近づいたことはかつてなかった。というのは、神性はその直接の環境を占めている事物に現存し、かつまた、一部は人に内在しているからである。トーテミズムの根本にあるものは、要するに、恐怖や束縛のそれ以上に、悦ばしい信任の感情である。かりに、弔葬の儀礼——あらゆる宗教の陰気な一面——を取り除くならば、トーテム的礼拝は歌謡・舞踊・劇的演出のただ中で執り行われる」と述べています。

ここでいう「トーテミズム」とは、社会がいくつかの集団に分かれ、各集団が特定の動物や植物などをトーテムとして崇める信仰です。その集団は、トーテムと同一の祖先をもつと信じられ、同じトーテムを崇める集団内での婚姻が禁じられたりすることがあります。トーテミズムは、ネイティブ・アメリカンやオーストラリアのアボリジニにおいて顕著に見られます。

デュルケムは聖／俗二分論に関係づけた儀礼論を組み立て、さらに儀礼を「消極的儀礼」と「積極的儀礼」に大別しました。消極的儀礼とは聖と俗の二領域が互いに他を侵害することを防ぐための儀礼を意味します。それはつねに対象を回避する、つまりタブー（禁忌）の形式を取ります。このタブーという形式によって、人は俗界から分離し、聖界に接近することができるのです。これに対して積極的儀礼は「聖存在」とのコミュニオン、供犠、奉献などの行為により、聖なる力を高めます。それとともに、集団の集合的感情を強化します。すなわち、聖性高揚のための積極的な儀礼です。

消極的儀礼および積極的儀礼は表裏の関係にあり、両者はしばしば同じ機能を果たすといいます。人は断食、禁戒、自己裁断などによって、コミュニオンや奉献と同じ結果をうるからです。また逆に供物、供犠はあらゆる種類の欠乏と放棄を含むからです。

個々の儀礼がそれぞれに両面性を含むということは、つまり、儀礼の固有性を超えたところにその本質があるとは言えないでしょうか。儀礼や儀式はその内容ではなく、存在そのものに意義があり、それは文化の継承であり、自らのアイデンティティの確認作業なのです。

■通過儀礼

儀礼についての研究の歴史を振り返るとき、古典的名著である『通過儀礼』（綾部恒雄・綾部裕子訳、岩波文庫）を忘れてはなりません。著者のファン・ヘネップはフランスの文化人類学者、民俗学者です。スイスのヌーシャテル大学の教授を務め、「通過儀礼」概念で後世に多くの影響を残しました。当時、フランスではデュルケム学派が主流でしたが、彼らは実地調査を行いませんでした。対して、ファン・ヘネップは民族的習慣を生きた文化として重視し、精力的に民俗学資料を集めたのです。

「通過儀礼 rite of passage」という言葉は、今日の文化人類学、民俗学、社会学あるいは政治学や社会史などの分野において頻繁に用いられていますが、この言葉は同書のタイトルから来たもので、ファン・ヘネップの天才的洞察力がもたらした優れた造語です。彼が「通過儀礼」という言葉を用いてからは、この概念を使わずに儀礼研究を行うことが難しくなりました。それほどの古典的意義をもつ『通過儀礼』の第一章「儀礼の分類」の冒頭にある「個人の一生における諸段階」には以下のように書かれています。

「ある個人の一生は、誕生、社会的成熟、結婚、父親になること、あるいは階級の上昇、職業上の専門化および死といったような、終わりがすなわち始めとなるような一連の階梯からなっているのである。これらの区切りの一つ一つについて儀式が存在するが、その目的とするところは同じである。つまり、個人をある特定のステータスから別の、やはり特定のステータスへと通過させることに目的がある。目的が同じであるため、その達成手段は、細部に至るまで全く同じということはないにしても、少なくとも類似するようになるのである。さらに細部の相違は、儀礼を受ける個々の人間がすでにいくつかの段階を経、いくつかの境界を越えていて、各々異なった背景を持っていることからくるのである。出生、幼年期、社会的成熟期、婚約、結婚、妊娠、出産、父親になること、宗教集団への加入礼および葬儀などの儀式が一般に似ているのはこうした事情による。かつまた、個人も社会も自然や宇宙から独立した存在ではなく、その宇宙自体が、一定のリズムに従っており、このリズムは、人間の生活にも余波を及ぼすことになるのである。宇宙にも種々の発展段階と移行の期間、前進と停滞、停止などの期間がある。したがって、天界における推移に関する儀式つまりある月から次の月への推移（例えば満月の祭り）とか、季節の移り変わり（冬至・夏至・春分・秋分などの祭り）や年の変わり目の祭り、新年の祭りなども人間の通過儀礼に含めるべきである」

ファン・ヘネップはデュルケムにならって、儀礼を、意志が行為の形をとった「積極的儀礼」と、「消極的儀礼」とに区別しました。後者は通常「タブー」と呼ばれています。また儀礼を、「直接的儀礼」と「間接的儀礼」とに大別しました。直接的儀礼とは呪詛、呪縛などのように、他者の介在なしに直接効果をあげるような性質を具えているものをいいます。他方、間接的儀礼とは、鬼神（デモン）、魔神（ジン）たち、神々といった、儀礼を執り行った人間のために働く自律的な力、人格化された力や、一連のこうした力全体の作用を起動させるための最初の一撃のようなものです。例としては、誓い、祈り、祭祀などがあげられます。

しかし、ファン・ヘネップの最大の業績は、通過儀礼が「分離儀礼」「通過儀礼」「統合儀礼」の三つで構成されると指摘したことです。彼は、以前の世界からの分離の儀礼を「プレリミネール儀礼」、過渡期に執り行われる儀礼を「リミネール儀礼」、新世界への統合の儀礼を「ポストリミネール儀礼」と呼びました。

この三つの分類は同一民族の間でも、またある儀礼複合体の中でも同じ程度に発達しているわけではありません。分離儀礼は葬式、統合儀礼は結婚式によく見られます。通過儀礼は妊娠期間や婚約期間の儀礼、ある集団への加入礼などにおいて重要な役割を占めることがあります。しかし養子縁組、第二子以下の誕生、再婚、あるいは第二から第三の年齢集団へ移行する際などには、こうした儀礼は最小限にとどめられます。

すなわち、通過儀礼の完全な図式には理論上は境界前（分離）、境界上（過渡）、境界後（統合）を含んでいるにしても、実際にはこの三つは同等ではなく、同じ程度に発達しているというわけではありません。

ファン・ヘネップはこのことについて、次のようなたとえ話をしています。

「一般社会はおそらくいずれも、各部屋と廊下に分れた一種の家のようなものと考えることができる。ある社会の文明が形態的にわれわれのに近ければ近いほど、その間の仕切りはうすくなり、コミュニケーションの窓口が広くなる。反対に、未開社会においては、その各部屋は相互に入念にへだてられ、一つの部屋から他の部屋へ行くためには、今まで述べてきた実質的通過儀礼に非常に似ている手続きや儀礼が必要である」

つまり、未開と言われる社会において、同じコミュニティに属すると認定されるためには儀礼はたいへん重要であるというのです。

では、人生の二大儀式とされる結婚式および葬儀について、ファン・ヘネップはどう考えたのかを見てみましょう。まずは結婚式についてですが、ファン・ヘネップは結婚式が時には細かい点に至るまで養子縁組の儀式に似ていると指摘します。これは結婚というものが、どのつまり異人をある集団に統合するものであるという点を考えればごく自然ななりゆきであるといいます。

また、結婚式は細かい点で即位式とも似ているといいます。新郎新婦の上に掛けられるベール、冠、婚約者につきものの神聖な品々はちょうど未来の王の即位の宝器に相当するというわけです。結婚式と即位式の類似が特にはっきりしているのは、北アフリカ、インドのいくつかの地域、キリスト教徒の婚姻の儀礼などです。婚約者たちはおのおの、王、スルタン、王子、および女王、スルタナ（スルタンの妃）、王女などと呼ばれます。中国では婚約した若者を「官人（マンダリン）」と呼ぶことがあります。

ファン・ヘネップによれば、結婚が再生であるとみなされるのは珍しいですが、加入礼あるいは聖職授与式とみなされるのは珍しくありません。それは、結婚式にしろ、養子縁組の儀式にしろ、あるいは即位式にしろ、いずれも社会的状況の変化を表す同一の観念を基礎とする通過儀礼だからであるといいます。

次に、葬儀の場合はどうでしょうか。ファン・ヘネップは次のように述べます。

「葬いの儀式についてまず考えられるのは、主流をなしているのは分離儀礼であって、これに対し過渡および統合の儀礼はあまり発達していないのではないか、ということである。ところが実例にあたってみるとそうではなくて、分離儀礼は数も少なく単純で、かえって過渡期の儀礼の方が持続期間も長く、複雑化しており、それだけを独立したものと認めてもよいくらいのものもある。さらにまた、葬いの儀礼の中で最も複雑化しかつまた重要視されるのは、死者を死者の世界に統合させる儀礼である」

ファン・ヘネップは、葬儀の中で最も念入りな構成をもち、最も重要と見なされているのは、死者を死者の世界へと合体させる儀礼であるとします。移行儀礼としての葬式に注目したわけです。そして、「喪」を実際は生き残った者のための移行期間であるとしました。生き残った者たちは「喪」の期間に分離儀礼を通して死者と共にあの世に入り、一般社会への再統合の儀礼、つまり「喪明けの儀礼」によってそこから出るというのです。ある場合には、この生き残った者の移行期間は、死者の移行期間に相対しており、前者の終わりが後者のそれ、すなわち死者のあの世の合体に対応することがあるといいます。つまり、「喪」とは、死者と生者が同じ「過渡」の段階、あの世とこの世の境界に不安定な状態で置かれたまま、ともにすごす期間のことなのです。

葬儀の分離儀礼としての側面は、遺体を家の外に運ぶさまざまな方法、死者の道具、家屋、宝石、財産などを焼くこと。妻、奴隷、気に入りの動物などを殉死させること。遺体を洗ったり、油を塗ったり、また一般的に浄化と呼ばれる儀礼、いろいろな種類のタブーなどです。具体的な分離の方法としては、墓穴、棺、墓地、すのこ、木や石をつみ重ねたものなどの上に遺体を置くことなどがあります。

葬儀の合体儀礼としての側面は、弔いに続く食事と、記念祭での食事です。日本でいえば、通夜ぶるまいや法事・法要に伴う法宴です。こうした食事は生き残った者のあいだ、そして時には彼らと死者のあいだの、その環が一つ失われたことによって断ち切られた鎖を、もう一度つなぎなおすことを目的としています。

一方、葬儀の統合儀礼としての側面について、ファン・ヘネップは「統合の儀礼としてまず掲げるべきものは、葬式の後の祭宴と記念祭である。この宴の目的は遺された集団の全成員間の、そして時には彼らと死者との間の絆、ちょうど環の一つがぬけたために切れてしまった鎖の如き絆を新たなものにすることである。この種の祭宴はよく喪が明けた時にも行なわれる。葬式を二度行う場合（仮葬と本葬）には仮葬の後に供養の宴があり親族が出席するが、これには死者も参加していると考えられている。結局、もし部族、クラン、あるいは村全体が関係している時は、呼び集めの方法（太鼓、ふれ太鼓、ふれ廻り役、使者など）に、関係諸集団の成員が招ばれる供養宴の集合的儀礼性格が一層鮮明にあらわれるのである」と述べています。

このように、ファン・ヘネップは、人間の年齢、身分、状態、場所などの変化や移行の際に催される儀礼に「通過」という概念を与えることによって、さまざまなことを明らかにしたと言えます。その中でも注目すべき発見の一つは、時間の経過や場所の移動をともなう儀礼のほとんどすべてに、これまでの位置からの「分離期」、どっちつかずの中間の境界の上にある「通過期」、そして新しい位置への「統合期」を表す儀礼が観察されることを示したことです。

■儀礼の過程

儀礼研究の歴史でファン・ヘネップと並び称せられるのが、イギリスの文化人類学者ヴィクター・ターナーです。ターナーは、スコットランドで生まれ、一九五〇年から五四年にかけての期間、妻のエディスと共に中央アフリカのンデンブ族を調査しました。この調査時に、ターナーは宗教儀式と通過儀礼に興味を持つようになったといいます。

当時のマンチェスター学派の人類学者たちの多くと同じく、彼もまた「葛藤」に興味をもち、ンデンブの村人たちの葛藤と危難の解決における象徴性を説明するために社会劇についての新しい概念を作り上げました。彼はその経歴の大半を儀礼についての探求に過ごし、宗教儀式と通過儀礼についての研究成果を、世界の宗教や宗教的英雄の生涯に対して適用する試みを始めました。彼の儀礼に関する業績は、二〇世紀の人類学において最も影響力のある理論の一つとされています。

そのターナーの代表作が、『儀礼の過程』(冨倉光雄訳、思索社)です。

この本は、ファン・ヘネップによる通過儀礼の三段階構造理論の深化と、「過渡期」についての理論拡張によって大きく評価されています。ファン・ヘネップによる通過儀礼の図式は、分離期・過渡期・統合期の各段階からなりますが、二つの段階の中間に位置する過渡期において個人は「中途半端」です。すなわち、彼らはそれまで自身が一部を成していた社会にもはや所属してはおらず、しかもまだ当該の社会へ再度取り込まれてもいないからです。ターナーは、それが「リミナリティ」と呼ばれる境界状態（二つの位相の間の過渡的な状態）であると指摘しました。

境界状態としての「リミナリティ」では、人々はそれまで占めていた社会上の地位や位置からはずれて、まったく異なる存在になってしまうことがあります。この典型例がンデンブの即位式儀礼です。首長となる者は即位する前には共同体から隔離され、辱めを受けるという地位逆転の儀礼が行われます。首長が任命を受ける直前には、①匿名的状態、②従順と沈黙、③白紙の状態、④性的禁欲、⑤役職の公益性などが強く表現され、危険な反構造の状態が現出します。

地位が逆転し、境界状態を示す儀礼は他の社会でも見られます。子どもが精霊の仮面を被って大人にもてなしを強要するハロウィーンもその一例ですし、アフリカの部族社会には自然災害によって脅かされた折に、女性が男性の役割を演じる儀礼があります。インドのホーリー祭でも地位逆転の儀礼が行われますが、階級組織を支える原理は転覆されません。むしろそれは強化され、村落生活の骨格は温存されていきます。

さらにターナーは、南アフリカの黒人分離主義の教会や宗派の天国についての観念や、メラネシアのカーゴ・カルトにも地位逆転の儀礼の要素を見出しています。

価値観の逆転をともなう境界状態としての「リミナリティ」と並ぶ、もうひとつの重要な概念として「コミュニタス」があります。コミュニタスは、社会構造が未分化で全ての成員が平等な共同体として定義されます。身分や地位や財産、さらには男女の性別など、ありとあらゆるものを超えた自由で平等な実存的人間の相互関係のあり方です。平たく言えば、「心の共同体」ということになるでしょう。コミュニタスが顕著に現れたものとしては、千年王国運動を挙げることができますし、ヒッピーや弱者の力として表出してくることもあります。

ターナーによれば、コミュニタスはまず宗教儀式において発生します。一般に儀式とは、参加者の精神を孤独な自己から解放し、より高く、より大きなリアリティと融合させることを目的にしています。特に、宗教儀式においては、一般の信者には達し得ないような宗教的な高みを彼らにのぞかせるという意味合いが大きいと言えます。

カトリックの神秘家の目的は「神秘的合一」の状態に達すること、すなわち、神の存在を実感し、一つになるという神秘体験をすることにありますし、熱心な仏教徒が瞑想をする目的は、自我がつくり出す自己の限界を打ち破り、万物が究極的には一つであると悟ることにあります。けれども、稀代の高僧ならいざしらず、誰もが独力でこうした高みに到達できるわけではありません。そこで、一般の信者にも参加できる効果的な宗教儀式というものを考案して、彼らにもおだやかな超越体験をさせ、その信仰を深めさせようとしたわけです。このとき全員に一体感をもたらし、超越的な感覚を起こさせるものがコミュニタスです。

これは、キリスト教や仏教などの大宗教に限りません。これまで地球上に登場した人類文明のほとんどすべてが、何らかの宗教儀式を生み出してきました。そのスタイルは無限といってよいほど多様ですが、一つだけ共通点があります。それは、宗教儀式が成功した場合には（当然のことながら常に成功するわけではありません）、脳による自己の認知や情動に関わる知覚に、ある共通の変化が起きるという点です。そして、あらゆる宗教人たちは、この変化を「自己と神との距離が縮まった経験」として理解するのです。

もちろん、すべての儀式が宗教的であるわけではありません。政治集会から、裁判、祝日、求愛、スポーツ競技、ロック・コンサート、そして冠婚葬祭に至るまで、いずれも立派な社会的・市民的な「儀式」です。こうした世俗的な儀式にも、個人をより大きな集団や大義の一部として定義しなおすという意義があります。個人的な利益を犠牲にして公益に奉仕することを奨励し、社会の団結を強めるための機構としては、世俗的な儀式は、宗教的な儀式よりもはるかに実践的です。この機能を軽視してはなりません。そもそも、社会に利益をもたらすからこそ、儀式的行動が進化してきたとも言えます。

ターナーも、コミュニタスは何より宗教儀式において発生するとしながらも、それを大きく超えて、広く歴史・社会・文化の諸現象の理解を試みています。そしてターナーは、この「心の共同体」としてのコミュニタスに気づくことにより、「社会とは、ひとつの事物ではなく、ひとつのプロセスである」という進化論的な社会観に到達しました。

このように、儀式は共感の源となりえます。わたしは、これまで多くの結婚式や葬儀に立ち会ってきました。もちろんすべてがそうではないにせよ、冠婚葬祭とは人々の共感を生み出す文化的装置であると言ってよいと思います。特に、披露宴で花嫁が声を詰まらせながら両親への感謝の手紙を読む場面や、葬儀の告別式で故人への哀惜の念が強すぎて弔辞が読めなくなる場面などでは、他者に対しても非常に強大な共感のエネルギーが生じ、それをその場に立ち会った者同士が共有するという現象が起こります。

結婚式や葬儀から生まれる共感のエネルギーは、明らかにターナーが「コミュニタス」と名づけたものに通じています。ターナーは『象徴と社会』(梶原景昭訳、紀伊國屋書店)で、儀礼について以下のように述べます。

「儀礼には、はっきりとした脚本と総譜が含まれている。現代人が儀礼をみると、人々は儀礼が有する厳格でぴしっとした性質のみを強調してしまう。けれども部族社会で行なわれる儀礼は決して厳格一点張りのものではない。部族社会での儀礼は、単なる楽曲よりは複雑であり、むしろさまざまな演技行為の分野をくみ換え、さらにそれらを混合してでき上る交響曲としてその儀礼を考えるべきである。部族社会の儀礼のうちには、踊り、身振り、歌、詠誦、いろいろな楽器の使用、ものまね、芝居が含まれており、それらは儀礼の中心的な話題が語られるときに演ぜられる。すなわち、儀礼の場ではすべての感覚が動員され、感覚を表わすあらゆるコードにもとづいて象徴的な行為と象徴的なものが利用されるのだ」

『儀礼の過程』で扱われる事象は文化人類学の枠にとらわれず、じつに広範なテーマに及んでおり、まさに「談論風発」といった印象を受けます。同書について、ターナーは「序文」の最後に、専門分野の枠を超えているがために、本書には前置きに終始するようなさまざまな限界性がみられると告白しています。そして、そうした欠陥は同書のあちこちに侵入する遊牧民的な性格によるものであるといいます。しかし、彼は「人文科学の営為にもっと通暁して、人間の思考や芸術を追求する大家たちの棲息する領域に踏み込めるようになってほしいと希望する」と人類学者たちに向かって告げ、さらには「人間に関する綜合科学という真正の人類学を可能にするためには、それは不可欠なことなのである。とはいっても、これまでの行動科学的方法を放棄せよというわけではない。ただ、革新的かつ境界的な人間像にそうした方法を適用すべきであるといいたいのだ。人間という種には、ガリレオ、ニュートン、アインシュタインのみならず、ホメロス、ダンテ、シェイクスピアもいることを忘れてはなるまい」と述べています。

このターナーの言葉に、わたしは深い感銘を受けました。ターナーが名づけた「コミュニタス」という概念には、人文科学における普遍理論を構築するという志が込められていたのではないでしょうか。

■言語としての儀礼

続いて、ロジャー・グレンジャー『言語としての儀礼』(柳川啓一監訳、紀伊國屋書店)を取り上げたいと思います。グレンジャーは、一九三四年イギリス生まれの牧師、神学者です。同書の「まえがき」の冒頭で、いきなり儀礼の本質について述べます。

「儀礼とは何だろう。それは、集合的な芸術という形を与えられた宗教的熱望である。神と人間のことを語る特殊な言語である。この目的をはたすために、生きた人々、その身体、心、想像力を駆使するがゆえに、それは人間のこと、すなわち、人間の性格、力、限界に関して極めて率直、的確に物語ることができる」

グレンジャーによれば、儀礼において、人は「頭で考えたことを自分の身体でやってみる」といいます。つまり演技の言語を用いるのですが、そこで演じられるのは、感情、思考、態度、生活の経験そのものがすべて共有されるような人々の真の出会いだというのです。したがって儀礼は、「人間の基本的欲求の一つに対応」しています。それは、単に精神にのみ関わるものではなく、全人格を巻き込む一種の自己表現の欲求です。そして、それは他人の存在によって阻害されるどころか、むしろ他人がいることによって自由に発現されることになります。

この事実は現在よりも過去の時代に、よく理解され、受け入れられてきました。特に古代において、儀礼は毎日の生活に力強く貢献しました。ドイツの社会心理学者で精神分析家であるエーリッヒ・フロムは「人間存在の基本的問題は、芸術的、ドラマ的な形において表現されたのである」と述べましたが、儀礼はまさに聴衆参加の劇であり、集団的儀礼の力と強さを得たドラマでした。

グレンジャーによれば、宗教の根本の形態は儀礼であり、基本的に加入式のシナリオであるといいます。また、宗教の自律性、すなわちその独自の存在意義は、儀礼が普遍的に行われているばかりでなくさまざまな文化を通じて一貫しているということに示されているといいます。さらに彼は、「儀礼とは何か」について次のように核心を衝きます。

「儀礼は芸術である。劇である。これを何か他のものと考えることは、その真の存在を壊すことである。すぐれた儀礼は、すぐれた劇と同じく、想像力の範囲内で自身を演じきる。英国国教会の祈禱書でさえ、『読むというよりは演ずる』ものである。儀礼は完結した経験であり、完成品である。それが行なわれるうちに、その特色を発揮する。儀礼は聖なるものについて語る故に真剣である。それは、聖なるものに属する生命を伝達可能な形でもっている。すなわち聖なるものの聖性はまったくの別物でありながら、その生命は余すところなく遍満している。したがって、儀礼は、最も無意識の時でさえ、常に自己を強く意識する。それは他の経験に比べて独特な異質さをもつ。神聖なことを行なっているという意識的経験を保つために自分の回りに殻を作る――そして教会で泣き出す赤ん坊、あるいは礼拝中とは知らずに侵入した観光客など、この殻を破るものは誰であれ呪われる」

アメリカの発達心理学者で精神分析家のエリク・ホーンブルガー・エリクソンは、「儀礼は社会が用いる一つの言語を構成する」という社会学者エミール・デュルケムの主張を受け入れています。宗教的儀礼は「コミュニケーションを目的とするシナリオ」であるというのです。これについて、精神治療院専任牧師も務めたグレンジャーは、「世界の諸宗教を研究していくと、おびただしい数にのぼる儀礼が、子宮のイメージや存在の原初的状態への回帰の思想をめぐって、その形式をうちたてているという事実につきあたる。このことを考えれば、神経症を原初の安全な状態に退行したいという欲求の表われとして捉え、『失われたもの』――安全な子宮、心地良い胸――への幼児的探索の再現として捉える理論が、宗教儀礼の説明としていかにふさわしいかがわかる」と述べます。

グレンジャーによれば、精神のこの原初的状態は、単に安全な状態として考えられているだけではありません。それは、力に満ちた完全に自律的な状態とも見なされているのです。したがって幼児は、周囲の環境を完全に統制可能な自己の延長として経験します。そこでは、彼が空腹なときはいつでも食物があり、満腹なときには煩わされない。つまり、感覚的に充足した状態です。この事実は、いうまでもなく、儀礼の呪術的目的に対する魅力的な理論的根拠を提供するといいます。

また、集団儀礼は「分離における関係の具現化」であり、相互に独立した個人の一体化であると指摘し、グレンジャーは「そこでは、儀礼行為をとおして個々の精神が、ある意味で新たな身体を獲得し、一つの新しい集合的人格、彼自身と関係のある何者か、彼自身の中の他者性、すなわち神秘的な統合とその完全さの象徴を形成するようになる。この新しい統合は自らを表現するのに必ず身体のシンボリズムを用いる。というのも、それは新しい身体であり、集合的な成熟と全一性、人間的に表現された理想だからである」と述べています。

グレンジャーは、「わたしは何者で、どこからやってきたのだろうか」という問い、そして「われわれは何者でこの世界は何なのだろうか、その目的は、その意味は？」という問いを提示します。これら二つの問いは双方の視点から同時に回答を与えられるとして、グレンジャーは「人間とその世界は共に同じ起源をもつと見なされるのである」と述べます。

人類の発生は、天地創造における帰属と全体性、すなわち全体の一致を表現するために、内的生成として語られます。人間は、神話を自然に投影するだけではなく、自然から神話をとって自分を解釈し、そうすることで二つの世界を関連づけます。したがってファン・ヘネップが指摘するように儀礼は直接的な意味を持っているのです。

すなわち、儀礼が描くのは秘密なことではありません。それは、平和と安泰が宇宙との一体性に依存しているという社会の一般生活に関する的確な情報であるという直接的な意味なのです。儀礼は単にイメージを作る個々人の能力ばかりでなく、世界をも示すのです。儀礼は人間と世界とを和解させるのです。

スイスの心理学者であるカール・グスタフ・ユングは、儀礼は「根源的な宗教経験の結晶化された形」であるとし、その機能は「集合的無意識の強烈な力」から個人の意識を保護することにあると主張しました。

このユング説を紹介した後で、グレンジャーは以下のように述べています。

「すなわち、宗教的儀礼において得られるのは、知的な理解ではなく、このような認識に課せられた限界の意識である。儀礼の中に現われる原型的な象徴の形態は、意味深くもあり、不明瞭でもある。それは人類全体に関わる真理を求めての手探りである。人類についての集合的真理を探究する行為は、もし許されるならば、知的理解の先入観を介在させずに、その真理の幾分かを伝えるのである」

つまり、グレンジャーは本当の意味で象徴的な儀礼効果、すなわち命題によってはとらえられない背後の現実と真理を、自らを越えて指し示すような集合的儀礼の効果は、その現実と真理をある意味で、そしてある程度、参加する者の手に届くものにすることにあると言うのです。これは、わたしたちが存在について学ぶことによって、どのように存在したらよいかを教えられる一つの学習過程です。それは関わりを通しての関わりについての学習、分析不可能な全体についての、その全体性の経験に浸ることを通しての学習です。この学習によって、通常の現実は、もっとずっと貴重な何かに変形されます。このような儀礼において表現される象徴的形態は、ユングが「錬金術的」と名づけた効果をもっていると言えるでしょう。

■イニシエーション

儀礼の問題をイニシエーションという視点から考えたのが、先に紹介したJ・S・ラ・フォンテインです。イニシエーションは「秘儀」と深い関わりがあります。一人の人間をまったく別の存在に変容させるイニシエーションの本質とは秘儀であり、それは「錬金術の人間版」であると言えます。

イニシエーションについて、ラ・フォンテインは次のように述べています。

「儀礼というものが常に秘儀的に行われることに鑑みれば、秘儀性は――無論それが重要な要素であることには変わりないが――、イニシエーション儀礼にとっての必要不可欠な属性ではない。成人への移行に際するイニシエーションの多くは公的性格か、行列を秘密で固め、ありふれた知識を用心深く覆い隠すケースにおけるような、公然と維持された虚構としての秘儀性のいずれかを持つ」

しかし、すべてのイニシエーションは、儀礼を終えたものだけが排他的に持ちうる知識と力の伝授を主眼とする点においては同じであると、ラ・フォンテインは言います。したがって、成員の名前や儀礼に使用する道具、歌、言葉などの性質といった情報および明かされた真実や謎解きを受けた神秘の理解と、伝達が不可能で今なお神秘性を残す経験そのものとを別個に考察することは有用です。知識は、これらのいずれか、もしくは三種類すべてを包含します。秘密結社は、秘密の知識への関与、秘密裏の活動もしくは破壊活動、またはその両方を伴うためにこそ「秘密」結社として分類されます。

また、儀礼の持つ機能について、ラ・フォンテインは「儀礼はまた、知識よりははるかに分かりやすい資産へのアクセスを統制してもいる。大きな組織の運営、財産のコントロール、世帯の確立、専門家への謝礼などがそうだ。イニシエーションがもたらす報酬は、儀礼の社会的背景から来るのであって、儀礼で何が行われ、何が言われたかという細部に由来するのではない。こうした儀礼の細部は、『究極的価値』とでもいうべき誕生、死、神秘的力および人間的成長などと明示的にかかわっている。おそらく、儀礼の象徴的意味ばかりに注意が向いて、儀礼に付随する社会的要素を見逃してしまった多くの解釈者たちを誤った方向へ導いていったのも、おそらくはこの究極的な価値の過度の強調だった」と述べています。

ラ・フォンテインは、ヘネップの『通過儀礼』を取り上げて、「ファン・ヘネップの著書は象徴論に対する関心と、儀礼は単に原始的思考の表れとしてではなく、単一の活動として分析されねばならないという考えの双方に裏打ちされている」と述べています。

儀礼というものは、その全体像としてのみ理解できるということを、ファン・ヘネップは証明しようとしたというのです。呪術の残存であると解釈されていた多くの行為が、儀礼の中のある段階を区切るためのものであり、「状況の変化、あるいは呪術＝宗教的または世俗的集団からもうひとつの集団への移行を確定するために」行われ、その際の個々の形式は、それぞれの目的により決定されると、ファン・ヘネップは指摘しました。

ラ・フォンテインによれば、成人のイニシエーションと秘密結社のイニシエーションが似ているのは、どちらも通過儀礼のなかの過渡儀礼であるということに由来します。通過儀礼という単一の集合の中には、境界を越えること、時間および社会的地位の変化といった種々の儀礼が含まれているのです。

さらに、儀式というものは「シンボル」の問題と切り離すことはできません。ラ・フォンテインは、儀礼のコンテクストからシンボルを分離することがもっとも端的に表れているのが、フランスの社会人類学者で民族学者のクロード・レヴィ＝ストロースがシンボルの意味を発見するために開発した分析手法を用いた構造主義者たちの研究であると言います。レヴィ＝

ストロースは、ほとんど儀礼を取り上げることがなく、彼の恐るべき分析力はもっぱら神話の徹底的研究に注がれました。しかし儀礼研究における彼の影響は、イギリスの人類学者エドマンド・リーチら後継者の研究にみられるように甚大でした。

ラ・フォンテインは、リーチの「シンボルを結合する論理」を参照しながら、「物語であれ、神話であれ、儀礼のドラマ的過程であれ、各要素の単位が順序良く並んでいるかどうかは問題ではなく、肝要なのは対立項と同一項の連なりで、これがリーチのいう『シンボルを結合する論理』である。パターンを明らかにするために、分析者は各要素を再編成する必要があり、ここにおいて要素は儀礼から切り離されるのである」と述べています。

ラ・フォンテインによれば、こうした手法の極端なものでは、行為、行動に影響を与える価値観、自然環境から来る制約などばかりでなく、多様な人間社会を特徴付ける文化的差異までが相互に関連を失ってしまうといいます。

残るのは人間の思考を表す普遍的シンボルのみです。シンボルの問題を追究した人物に、ユダヤ系ドイツ人の哲学者エルンスト・カッシーラーがいます。彼は、人間を「シンボルを操るもの」と定義しました。カッシーラーの立脚点は、人間の行動を生物学的説明に還元する自然主義の立場とははなから無縁であり、逆に感受系と反応系の間に人間に特有の第三の連結、すなわち「シンボリック・システム」を見いだすのです。

この「シンボリック・システム」という新たな機能を獲得することによって、人間は他の動物とは異なる「新次元の実在」の中に生きることになります。カッシーラーは、「人間はただ物理的宇宙ではなく、シンボルの宇宙に住んでいる。言語、神話、芸術および宗教は、この宇宙の部分をなすものである」と喝破します。

人間がシンボルの宇宙に住む存在であるとするならば、儀礼の持つシンボリズムこそは人間の核心を描きだすものです。つまり、シンボルの宇宙の中核にあるものは儀礼であると言っても過言ではないでしょう。

■儀礼文化とは何か

ここまで儀礼についてのさまざまな解釈を振り返ってきましたが、最後に「儀礼文化」という言葉を取り上げたいと思います。先に述べたように、わたしは「儀礼」と「文化」はほぼ同義語であるととらえているので、「儀礼文化」という言葉は重複表現に近いものとなります。

日本における祭祀研究の第一人者として知られた民俗学者の倉林正次は、儀礼文化学会の理事長を務め、「儀礼文化」という言葉を使いました。『儀礼文化学の提唱』（おうふう）において、倉林は「儀礼」そのものの定義を以下のように述べています。

「儀礼とは、信仰伝承や社会的習慣、または生活的習慣などによって生じ、または形成されたところの一定のカタ（型）を有する行為。わが国の場合、これに相当するものとしては、まず宗教および民俗信仰に伴う各種の儀礼が挙げられよう。わが国には多種にわたる宗教が行われている。その点、キリスト教一つを信奉するヨーロッパの諸国などとは様相を異にしている。神道をはじめ仏教・道教・儒教・キリスト教などがある。この中で、神道はわが国の固有信仰を基盤として形成されたものであり、その発展過程には仏教その他の影響を受けているが、まず在来のものといえよう。これに対して神道以外の各宗教はすべて外来のものであり、中世にヨーロッパから伝道されたキリスト教を除いて、仏教・道教・儒教の各宗教は、中国大陸から伝来されたものであった。かつて中国大陸に行われた宗教をこの日本列島に持ち込んで来て、それらをこの国に適合するように育て上げたのが、これらの宗教であった」

なぜ、日本ではさまざまな宗教が共生しているのか。その謎を解くキーワードは「和」ではないでしょうか。「和」は日本文化そのもののキーワードでもあります。

陽明学者の安岡正篤によれば、日本の歴史には断層がなく、文化的にも非常に渾然《こんぜん》として融和しているといいます。征服・被征服の関係においても同様です。諸外国の歴史を見ると、征服者と被征服者との間には越えることのできない壁、断層がいまだにあります。しかし、日本には文化と文化の断層というものがありません。

天孫民族と出雲民族とを見ても、非常に早くから融和しています。三輪の大神神社（奈良県桜井市）は主神である大物主神のほか、大己貴神《おおなむち》、それから少彦名神《すくなひこな》を祀っています。大己貴神や少彦名神は出雲族の主要な神であったのですから、本当なら大和国の中に出雲の神が祀られているのはおかしいはずです。それが完全に調和して、日本民族の酒の神様、救いの神様になっているのです。『古事記』や『日本書紀』を読むと、日本の古代史というのは和の歴史そのものであり、日本は大和の国であることがわかります。

「和」を一躍有名にしたのが、かの聖徳太子です。太子の十七条憲法の冒頭には「和を以て貴しと為す」と書かれています。聖徳太子は、仏教興隆に尽力し、多くの寺院を建立しました。平安時代以降は仏教保護者としての太子自身が信仰の対象となり、親鸞などは「和国の教主」と呼んでいます。しかし、太子は単なる仏教保護者ではありませんでした。その真価は、神道・儒教・仏教の三大宗教を平和的に編集し、「和」の国家構想を描いたことにあります。聖徳太子という偉大な宗教編集者の存在もあって、日本ではさまざまな宗教が共存してきました。それらの宗教は互いに影響を与え合い、さらには混ざり合ってきました。このような歴史の中で、日本における儀礼は発達したのです。

倉林は同書の中で、「儀礼文化」を「生活の儀礼文化」「芸術の儀礼文化」「宗教の儀礼文化」の三種類に分類しています。このうち、「宗教の儀礼文化」とは祭式や有職故実、「芸術の儀礼文化」とは、茶道、華道、香道、芸能、武道などであり、「生活の儀礼文化」とは、わたしたちの暮らしに最も身近な年中行事や料理です。

民俗学者の折口信夫が「生活の古典」と呼んだ年中行事は、とかく単調になりやすい日々の連続にリズムと折り目を与えてくれます。倉林は、主著『儀礼文化序説』(大学教育社)で「年中行事には儀礼的要素がある。七夕など各地で盛んになり、観光祭のようになったところもあるが、元来は家々で行なうなつかしい行事である。正月には前年の暮れの中から種々の行事が続き、元日は若水汲みに始まる祝いの行事が、家々によって違った方式によって営まれる。このように考えてみると、年中行事は儀礼文化そのものであるといえよう」と述べます。

儀礼が行われる単位には、大きく分けて家単位のものと社会規模のものがあります。

家を基盤として催される年中行事に対して、社会的単位で行われる儀礼が村々の鎮守の祭礼です。年中行事は一年を単位としますが、よく見るとそこには「まつり」のサイクルと呼ぶべき枠組みがあることに気づきます。年中行事は宮廷や神社の祭祀と組み合わせることで一つの祭祀体系を形成しているのです。つまり、村々の神社の祭礼と年中行事は本質的に同じものなのです。

個人ならびに家を単位とした儀礼はさらに二種類に分けられます。年中行事と人生儀礼です。この二つは時間軸において明確に区別されます。一年を単位として繰り返される年中行事に対して、人生儀礼は主として人生に一回限りのイベントである点が最大の特色です。

「生活の儀礼文化」には、年中行事とともに人生儀礼、すなわち冠婚葬祭があります。中国では「五礼」といって、儀式を五つに分類しました。吉礼（祭祀）、凶礼（喪葬）、賓礼（賓客）、軍礼（軍旅）、嘉礼（冠婚）です。この五礼について、倉林は「これは公式の儀式で、最もオーソドックスな分け方であった。わが国では、一生に関する儀式を冠・婚・葬・祭と分けるが、これは中国のこの嘉礼・凶礼などの考え方に則ったわけ方なのである」と述べています。

人生儀礼の主役をなす冠婚葬祭は、中国式の儀式を典拠とした考えなのです。

わたしたちの祖先は、この考えにもとづき、成育の過程に応じて、また年齢を重ねるのに順じて、種々の祝い行事を催してきました。倉林も「そこには人生に対する深い配慮が感じられる。それらを思うと、日本人は人生に対して労りと慈しみをもって、大切に考えていたことがよくわかる」と述べています。冠婚葬祭とは人生を肯定し、一度きりの生を謳歌《おうか》することと同義なのです。

つまり、誕生・結婚・死に関する儀礼、すなわち「人生儀礼」も、広義の「まつり」と言ってよいのです。「まつり」という言葉の原義は、「献る」の古語である「まつる」から出ているという説があります。神に御食・御酒をさし上げるというのが、その原義だというのです。神に神饌を献供し饗応申し上げるところに、わが国の「まつり」の根本はありました。そして、そこから祭りの「カタチ」は始まったのです。本居宣長の説く「神に仕え奉ること」とする定義づけの内容は、このカタチの実践の結論として生まれたものでした。

倉林は以上のような「まつり」の原義を紹介し、「祭りには、まずこうした神饌献供《しんせんけんきょう》を主体とする『祭典』の部分がある。その次に神人共食を本義とする『直会《なおらい》』の部分が存する。人々が神の威霊に触れ、神の恩恵にあずかる部分である。『祝い』の源はこの部分に存するのである。おのれの身を慎み、斎戒の状態を続け、そして神霊の威徳の分与にあずかるのである。これが『祝い』の本来の意味であった。神の威霊の分与にあずかった者に対して、他の者たちが祝福を行うわけである」と述べています。

ここで登場した「カタチ」という言葉に注目してみたいと思います。

倉林は、「カタチ」は「カタ」の完成品であると定義しています。その上で、「カタチ」が具体的・即物的であるのに対して、「カタ」は抽象的・形式的であるとします。たとえば、芸能や武道の場合、そこに存在するカタは、規範性を有するものです。それをカタチに表現する時には、当然、カタの有する規範性が働きかけることになります。

倉林は、「舞踊はカタに従って行われることは勿論、そのカタが完全に表現されなければならない。カタの完成化が求められるわけである。それがカタチだというわけである。カタが完全に具現されなければ、それはカタチと言うことはできない。つまり、『カタチにならない』というのはそういうことなのである。また、儀式・行事は故実に則って行われなければならない。なぜなら、そうした儀式・行事は優れた祖先たちの作り定めたことだからである。中国風に言えば、『先王の道』だからである。これが故実の考え方である。しかも、それはカタの志向と一致することなのである」と述べています。

「故実」とは、昔の儀式・法制、作法などの決まりや慣わしであり、先例となる事例のことです。これに「有職」がついて「有職故実」になると、古来の儀式・礼法の典型的方式であり、それを研究する学問ということになります。

ここではもっとわかりやすく、儀式をカタチ、作法をカタと言い換えてもよいでしょう。カタは時代を経て継承され、洗練されることでカタチとなり、やがてその実践が「道」となるのです。「カタからカタチへ」いたる実践過程、その道程こそが「道」なのです。

宗教では、「悟り」という精神的境地が求められます。倉林によれば、これは「カタチからカタへ」の過程に属するものと考えられるといいます。「悟り」は会得の方式の中において見出される境地であり、それは実践の後にはじめて到達する深甚なる境地です。

つまり、儀式（カタチ）と作法（カタ）の関係には、「カタ→カタチ＝道」、および「カタチ→カタ＝悟り」という二つの過程があるわけです。

「道」にしても「悟り」にしても、カタとカタチがあるからこそ、意識の集中、さらには無我の境地への到達をもたらすのであり、それこそが本来の儀式の意義なのです。言いかえれば、カタもカタチもないところに儀式は成立しないのです。

以上、この章では儀礼と儀式の違いについて明確にし、儀礼は文化の表出にほかならないことを明らかにしました。儀礼なき文化はその存在基盤を持たないとも言えます。

日本人と儀式のルーツを探る

■宗教と日本人　「日本教」誕生の経緯

人生の二大儀式である結婚式ならびに葬儀の形式は、宗教や民族によって、きわめて差異が大きいと言えます。これは世界各国のセレモニーが、その国の長年培われた宗教的伝統あるいは民族的慣習といった、人々の心の支えともいうべき「民族的よりどころ」の結晶となっているからです。

もちろん日本も例外ではありません。結婚式ならびに葬儀に表れたわが国の儀式の源とは小笠原流礼法に代表される武家礼法に基づいていますが、その武家礼法の源は『古事記』に代表される日本の伝統文化なのです。たとえば、『古事記』に描かれたイザナギ、イザナミのめぐり会いに代表される陰陽相和こそ、後醍醐天皇の南北朝・室町期以降、今日に至るまで日本的儀式の基調となって継承されてきた結婚式の原型です。

一方、葬儀は、死と死後についての説明を儀式という「かたち」にしたものですが、ほとんどが仏式とされている日本の葬儀には実は儒教の影響が色濃く見られます。葬儀だけでなく、墓も盆行事もすべて仏教というより儒教が生み出したものと言えます。

すなわち、日本仏教そのものが儒教の影響を強く受けているのです。

儒教と言うと、古臭い倫理道徳の話と誤解され、宗教ではないと思われがちですが、本当は儒教ほど宗教らしい宗教はありません。

そもそも宗教とは何でしょうか。日本における儒教研究の第一人者である中国哲学者の加地伸行によれば、宗教はその人にとって必要性があってはじめて、その姿が現れるものであるといいます。宗教とはあくまでも「自分にとっては必要である」という実存的な存在であり、必要としない人には無縁、無用の長物です。まさに「馬の耳に念仏」といったところです。

それでは、人はいつ、どういうときに宗教を意識し、求め、必要とするのでしょうか。もちろん人それぞれでしょうが、大半の人において宗教が意識にのぼってくる大きな機会があります。それは自分もしくは親しい人の「死」です。もちろん死の前には「老い」や「病い」などもあり、それによって宗教を意識する場合も多いでしょうが、自らの死を前にし、それが避けがたいと実感したとき、ほとんどの人は確実に宗教を意識するようです。加地によれば、宗教とは「死ならびに死後の説明者」にほかならないといいます。通常、死は漠然とした不安であるにすぎませんが、それが現実だと確信したとたん恐怖となります。その恐怖や不安を取り除くために「死とは何か」と考えるのが人間ですが、大半の人間は心弱く、ただうろたえるばかりです。そして行きつくところ、誰かにすがって説明を求めるようになるのです。

しかし、そのとき死について語りうるのは何でしょうか。現代人は死から逃れるために医学にすがりつきます。でも、生物であるかぎり、人間はかならず死にます。医学は人が死ぬ理由や臨終については説明することができても、死んだ後についてはまったく無力です。死後について説明している、あるいは説明できるものは、ただ宗教だけなのです。そのため、各宗教は死についてさまざまな具体的な説明をしています。

たとえば、ユダヤ教・キリスト教・イスラム教はいずれも唯一絶対神を信じ、啓典を持つ三姉妹宗教ですから、死んだのちも「最期の審判」によって復活を遂げるという共通した思想を持っています。ゆえにこれらの宗教の信者の遺体を火葬するのは厳禁とされてきました。

一方、ヒンドゥー教や仏教においては魂こそが重要であり、魂は肉体を替えて輪廻するので、魂が抜けた遺体は火葬しようが河川に流そうがかまわないとされています。

従来、日本人の死後観は、イザナギがイザナミを追いかけていった「根の国」もしくは「黄《よ》泉《み》の国」や、沖縄や奄美群島の「ニライカナイ」のイメージに見られるように、死者が他界に赴いて、この世と同じ生活をしていると考えられる傾向がありました。

しかし、平安時代になると仏教の影響を受けて、人は死ぬと三途の川を渡り、生前の行いによって行く場所が決まるという因果応報型の死後観に変わりました。死後は七日ごとに七回、閻魔《えんま》大王をはじめとする十王による裁きを受け、四十九日目に地獄に落ちるか、そのまま輪廻するかが決定されるとされ、死者供養はこの考えにもとづいて行われます。閻魔はもともとインド仏教の神でしたが、そこに中国の道教思想が加わり、日本に伝来したのちも浄土思想や末法思想の影響を受けることで民俗宗教化したと考えられています。

日本人の死後観はかなり混乱しています。魂についての信仰はあるようなのでまったくの無宗教ではないのですが、はたして魂は不滅なのか、それとも新たに生まれ変わるのか、墓にいるのか位牌に宿るのか、盆に帰ってくるときはどこから来るのか、地獄や天国に行くとしてそれと生まれ変わりはどちらが優先されるのか、誰も明確なことは答えてくれません。肝心の宗教がそうなのです。じつはこの混乱の原因も儒教にあるのですが、これについては後で詳しく述べます。

そもそもあらゆる宗教は、神もしくは神的存在と直接的に接触し、交流し、秘められた神智の獲得を目指します。神道・儒教・仏教もしかり。今日、日本人のわたしたちが知っている三教の姿は、きわめて表層的なものであると言えます。

その深層には神秘主義が潜んでいます。神道においては、鎮魂法と帰神術で異界の神々や死者の霊とダイレクトに交流する「古神道」。儒教においては、儒教の源流としての「原儒」。

仏教においては、生きながら仏の境地に達する即身成仏を最終目標とする「密教」。そして、そのすべてが、秘儀や密儀というべき儀式の体系を持っています。

原儒とは、学問としての儒学になじんだ日本人からは想像もつかないシャーマニックな世界で、一種の霊媒術でもあります。孔子の母が原儒の流れを汲む巫祝《ふしゅく》であり、かつ葬祭業に携わっていた事実を、わが国における中国学の最高権威である白川静が名著『孔子伝』（中公文庫）で明かしました。孔子は「シャーマニック・ソサエティ」とでも呼ぶべき巫祝社会に成長し、同時代の誰よりも葬礼に精通していました。つまり、儒教とは、孔子が実際に死を見聞した中から開いた、正真正銘の死に向かう宗教だと言えます。

儒教が大切にした「礼」は、土地の神々や妖怪の類を霊的に封じ込めるわざのことでしたが、「礼」は「霊」に通じるのです。それにしても、このような深さを持つ神道・儒教・仏教をその体内に納めている日本人の宗教的胃袋の強靭《きょうじん》さには改めて感嘆せざるをえません。

日本人の宗教に話がおよぶとき、かならずと言ってよいほど語られる話題があります。

正月には神社に行き、七五三なども神社にお願いする。また、バレンタインデーにはチョコレート店の前に行列をつくり、クリスマスにはプレゼントを探して街をかけめぐる。結婚式も教会であげることが多くなった。そして、葬儀では仏教の世話になる。

こうした傾向を「無宗教」とか「宗教のイベント化」と批判的に言われることもありますが、

卑屈にとらえる必要はまったくありません。神道、儒教、仏教、さらにはキリスト教までをその体内に取り入れている日本人の精神風土をわたしは全面的に肯定します。一神教の世界と異なり、日本人はあらゆる神々を寛容に受け入れます。

その広い心の源流をたどると、聖徳太子に行き着きます。日本流の「三位一体」をなす「神儒仏」融合を一つのハイブリッド宗教として見るなら、その宗祖とは聖徳太子その人です。儒教によって社会制度の調停をはかり、仏教によって人心の内的平安を実現する。すなわち心の部分を仏教で、社会の部分を儒教で、そして自然と人間の循環調停を神道が担う。三つの宗教がそれぞれ平和分担するという「和」の宗教国家構想を説いたのです。聖徳太子こそは、宗教における偉大な編集者でした。

聖徳太子が行った宗教における編集作業は以後、日本人の精神的伝統となり、鎌倉時代に起こった武士道、江戸時代の商人思想である石門《せきもん》心学、そして今日にいたるまで日本人の生活習慣に根づいている冠婚葬祭といったように、さまざまな形で開花していきました。

このような日本人の生活宗教習慣は「シンクレティズム」という言葉で表現されます。シンクレティズムとは「習合信仰」や「重層信仰」と訳されますが、違うものが混じりあって、区別がつかないというネガティブな意味合いにも使われます。

しかし、日本の宗教の歴史を見てみれば、まさにその通りと言う他はありません。もともと神道があったところに儒教や仏教が入ってきて、これらが融合することによって日本人の伝統的精神が生まれてきました。そして、明治維新以後はキリスト教をも取り入れ、文明開化や戦後の復興などは、そのような精神を身につけた人々が、西洋の科学や技術を活かして見事な形でやり遂げたわけです。まさに「和魂洋才」という精神文化をフルに活かしながら、経済発展を実現していったのです。

戦後の日本経済の急成長、そして日本人の不思議な宗教観は、世界にとって大いなる謎でした。一九八三年の「タイム」誌の日本特集では、日本人の宗教のあり方を一人の女性の生涯を通して説明しています。ある女性が、お宮参りと七五三を神社で、結婚式をキリスト教式で行い、仏式で埋葬されるだろうと述べながらまったく違和感を持っていないという例を示し、日本人の宗教について「中途半端な折衷主義」であると論じているのです。また彼女は、「異なったさまざまな側面を混ぜ合わせることは、太古の神道に始まる日本の伝統である」と考えているとも語っています。

こうした指摘は、宗教学者や社会学者をはじめ、日本人の多くにとって一般的な理解です。だからと言って、わたしたち日本人は何の原則もなく、場当たり的に宗教を使っているわけではありません。

日本に長く滞在したベルギー出身の宗教社会学者ヤン・スィンゲドーは、『宗教学辞典』（東京大学出版会）の「世俗化」の項目で、「和」と「分」の構造を用いて日本宗教のあり方を説明しています。それによれば、「和」は日本文化全体の特徴であり、日本人の伝統的な宗教意識は部分的には「分」に分けられるものの、全体としては「和」をなしているといいます。たとえば、誕生儀礼すなわちお宮参りは神道の「分」、死の儀礼すなわち葬儀は仏教の「分」、結婚式はキリスト教の「分」という具合です。それぞれの宗教はそれぞれの「分」を守ることにより、日本人の宗教全体の「和」が維持されるといいます。

では、なぜこのような宗教観あるいは宗教感覚が生まれたのでしょうか。

日本人の宗教観や宗教感覚は世界でもきわめて独特であり、それゆえ「日本教」などと呼ばれますが、その背景には日本列島の自然環境があります。哲学者で倫理学者の和辻哲郎は、名著『風土　人間学的考察』（岩波書店）において、日本をモンスーン型風土と類型化し、そこに生きる人間の構造は受容的・忍耐的であるとしました。

四季があり、春には桜が咲き、冬には雪が降る。梅雨には大雨が降り、台風が来て、雷が鳴り、地震が起こる。わたしたちの祖先は、そうしたバラエティゆたかな自然現象を、個性豊かなそれぞれの神がもたらす業であると信じたのでしょう。

また、日本宗教のベースである神道が、教義や戒律をもたない柔らかな宗教であり、「和」を好む平和宗教であったことも忘れることはできません。神道が平和宗教であったがゆえに、後から入ってきた儒教も仏教も、最初こそ衝突があったにせよ、結果として共生し、さらには習合していったわけです。ルーマニアの宗教哲学者ミルチア・エリアーデは、「日本人は、儒教の信者として生活し、神道の信者として結婚し、仏教徒として死ぬ」という名言を『エリアーデ世界宗教事典』（奥山倫明翻訳、せりか書房）に残していますが、このような日本人の信仰や宗教感覚は世界的に見てもきわめてユニークだと言えます。

■神道と儒教　律令制度解体と神主

日本人の信仰の基本は神道にありますが、神道の儀式には儒教の影響が強く見られます。しかし、儒教が神道の成立に影響を与えているという歴史的事実はこれまであまり認識されてきませんでした。日本に本格的に儒教が入ってきたのは聖徳太子の時代であり、当初は律令制度を支える政治思想として輸入されました。いわばシステムに付随する言語として導入されたにすぎなかったので、「礼」や「易」といった、本来の宗教的思想にたいしては無関心だったのです。世俗的な制度としての律令と、中国古来の神祇信仰との組み合わせは、日本の貴族には理解しがたく、中国における宗教や儀礼の持つ意味を理解する道を閉ざしました。

しかし、律令制度が揺るぎはじめたとき、事態は変わりました。

貴族が習得すべきとされていた外来の知識や学問のみでは社会の現実に対処できなくな

り、貴族たちは神祇の世界に関心を持たざるをえなくなりました。彼らはまず、日本古来の有力な神社とその祭礼の由来を尋ねて、知識を広くしました。それに応じて、数々の縁起や祭礼の記録も作られたのです。

　こうして神祇への重視から神道には儒教的要素が取り入れられはじめましたが、それにはもう一つ理由がありました。仏教に圧倒され、日本の神々が仏の脇役に転落していく中で、仏が主で神が従という「本地垂迹説《ほんじすいじゃくせつ》」が日本人の信仰において主流となっていきました。しかし、鎌倉時代後期になると、これに反対して、日本の神々が主で仏を従とする「反本地垂迹説」を唱える人々が現れたのです。

　その勢力の中心が伊勢神宮の神主たちであったために、反本地垂迹説は「伊勢神道」と呼ばれました。その後、度会家行《わたらいいえゆき》によって完成された伊勢神道は、日本の神々を最上位に置き、儒教や仏教はそれに従うものとしました。それによって、天皇の地位を歴史的かつ宗教的に明確に位置づけようとしたのです。

　家行の神道論を受け継ぎながら、新たに儒教思想を緩用して神道的な政治思想を生み出したのが、『徒然草』を書いた吉田兼好の兄としても知られる慈遍でした。出家して比叡山で天台教学を修め、後に神道に関心を深めた慈遍は、儒教的な「天」への恩恵を神道的に表現しました。つまり、慈遍は儒教の思想を日本固有の宗教に援用することで、天皇を「天」に代わる存在であると主張したのです。

土着の信仰であった神祇信仰は、もともと人に説く教説を持っていませんでした。社領を再編して神社を建て直すことに努力を傾けた神主は、信徒を獲得するために神社の権威と神々の霊験を説きはじめました。そこで重要なコンセプトとなったのが「禁忌」です。禁忌の論には二つの側面がありました。

その第一は、とりたてて教説といえるようなものを持たない神主を、一般の信者から区別する役割です。神主の呪術的な力を保障するには厳しい禁忌に服していることが必要であり、それこそが神主の権威を人々に認めさせることになるのです。

また第二の側面は、その信者にとって、禁忌の一部に服することが唯一の信仰上の行為であると考えられた点です。このような背景のもとに、神道論の多くは禁忌の問題にふれ、禁忌を媒介として教説を示すことになったのです。

宮廷を中心として整えられていた神祇の祭祀は、律令制度が解体していく中で急速に衰微していきました。そのとき、自分たちこそが神祇の伝統的な禁忌を厳重に守り伝えているという誇りが神主たちを支えていたのです。例えば神祇の官人が守るべき禁忌の基本は、『神祇令』に定められたいわゆる「六色の禁忌」で、神事に従う者は、喪を弔うこと、病を問うこと、宍《しし》を食うこと、刑殺を判《ことわ》って罪人を決罰すること、音楽をなすこと、穢悪の事に与ること、の六項の禁を厳重に守らなければならないとするものでした。

神道論の中では、さまざまな禁忌は神の託宣という形で説かれます。『倭姫命世記』（七六八）をはじめ、いわゆる「神道五部書」には、伊勢神宮の祭神の神託として六色の禁忌が取り込まれ、後の神道論に対して権威を発しました。禁忌は神道にとって唯一の教説であり、神祇信仰の信者にとっては内面的な心と結びついた問題でした。そのため、禁忌は神道論において繰り返し説かれる中で、託宣としての神聖化から教義の形成へと次第に向かっていったのです。

そして、ここでも家行の『類聚神祇本源《るいじゅうじんぎほんげん》』（一三二〇）がその流れを作っていきました。同書の第一三巻にあたる「禁誡篇」は、さまざまな文献の中から禁忌に関する条文を集めたダイジェストですが、神道論における禁忌の範囲がよくわかります。

こうして神道論における禁忌は、単なる祭祀参加者の守るべき禁制から、個人の修行という宗教的な存在に変化していくのです。家行は、『類聚神祇本源』の最終巻である「神道玄義篇」で、神道の目的は人間の心の「清浄」の状態を実現することであると説きました。そして、「清浄」に到達するのは「六色の禁法を以て潔斎の初門と為す」と説いたのです。この主張は、神道における禁忌に対する考え方を決定づけたと言ってよいでしょう。

このように禁忌の問題を媒介として、土着の神祇信仰は一気に宗教化を図り、さらに吉田兼倶《かねとも》の『唯一神道名法要集《ゆいいつしんとうみょうほうようしゅう》』（一四八四）で神道としての宗教的な形態を整えようとしました。神祇の儀礼を整えることは神道家の共通の関心でしたが、その方向は古い祭祀の伝統を守ることにありました。伝統的な祭祀の再解釈は繰り返し行われましたが、積極的に新しい祭祀を創出して儀礼を組み立てていく作業は行われませんでした。

それを神祇信仰の上に立ちながらも強行した人物こそ、中世神道界のヒーローである吉田兼倶です。彼は京都の吉田神社の神主でしたが、日本の神々を最高として、仏教も儒教も道教も脇役であり、日本の神々に輝きを与える存在であると主張しました。これが「吉田神道」です。神道に対する兼倶の思想は『唯一神道名法要集』に要約されていますが、兼倶が整えた祭祀とその儀礼のあとを追う形で唯一神道の教義が作られ、儀礼が重視されていることがよくわかります。

その後、最大のライバルである仏教の組織化に影響され、兼倶は儒教的要素を取り入れて儀礼を明確にし、組織を拡大していきました。吉田神道は幕末までの三〇〇年もの間、神社界を支配したのです。その間、吉田神道からは吉川惟足《きっかわこれたる》を創始者とする「吉川神道」が分かれました。惟足は、君臣の道や徳といった儒教の倫理を押し立て、それを日本の神々と結びつけようとしました。すなわち、日本の神々と儒教の合一を唱えたのです。

また、惟足と同時代の度会延佳《わたらいのぶよし》という伊勢神宮の神職が、伊勢神道を発展させて「度会神道」を提唱しました。伊勢神道では儒教や仏教は日本の神々に従うとされましたが、延佳は日本の神々と儒教を合体させました。そして、儒教でいう君臣、親子、兄弟、朋友といった道こそが日本の神々にふさわしい道であると説いたのです。

仏教学者の末木文美士は、日本の神々と儒教の関係は不思議であると述べています。聖徳太子の頃、儒教は仏教の陰に隠れた存在でした。中世以降の貴族社会では貴族や僧侶といった知識人たちの教養を担っていました。隋や唐から渡来した儒教を学び、それに親しむのが知識人の証明だったのです。そこに宗教の匂いは感じられません。

それなのに、なぜ吉田兼倶や吉川惟足や度会延佳たちは儒教に関心を示したのでしょうか。末木によれば、もともと神々の世界には教義は存在しませんでした。それが渡来の神々にも寛容だった理由でしたし、逆に、求心力という点では弱点だったのです。仏教の脇役に甘んじてきたのもそのためでした。そこで神々の側にいた人々は強力な援軍を探しはじめ、それが君臣の道や徳を説く儒教だったというわけです。

儒教の論理が日本の神々の世界を補強してくれたのです。儒教は、儀礼の形成のみならず、教義の確立という点でも神道をサポートしたわけです。

仏教と儒教　聖徳太子と徳川家康

日本においては、仏教と儒教も深く関わってきました。仏教と儒教は日本における二大外来思想ですが、外来思想同士であるという点においては、大きな対立が生じようがありません。しかも、仏教はいち早く神道と習合し、日本化しました。神道と混ざり合うことによって、仏教は「日本人の宗教」になったのです。それに対して、儒教は本来の宗教性を薄めることによって日本文化の中に浸透しました。宗教としてではなく、学問や制度や道徳倫理として、儒教は日本人の中に定着したのです。

日本に入ってきた仏教と儒教にとって、最初にして最大の理解者はやはり聖徳太子でした。日本の神々を尊重する廃仏派から迫害された仏教を蘇我氏とともに日本に定着させ、日本仏教の道を開いたともいえる太子は、『勝鬘経《しょうまんぎょう》』『維摩経《ゆいまきょう》』『法華経』の三経を重んじ、その註釈書としての『三経義疏《さんきょうぎしょ》』（六一一〜六一五年）を自ら著しました。仏教にも儒教にも深い理解を示した太子でしたが、やはり最大の功績は日本仏教の道を開いたことでしょう。太子がファウンダーの役割を果たした日本の仏教は後世、大きな花を咲かせ、日本は世界に冠たる仏教王国となっていったのです。

そのせいか、江戸時代の儒者や国学者は盛んに太子を攻撃しています。林羅山などは「八《や》つ耳《みみ》、天皇を弑《し》す」とまで極言しています。「八耳」とは太子の呼称であり、「弑す」とは「殺す」の意味でしょうから、すなわち聖徳太子が崇峻《すしゅん》天皇を殺したということです。しかし崇峻天皇の暗殺は、蘇我馬子が推古天皇に相談して計画・実行されたとされており、太子を犯人扱いにするのは言いがかりもはなはだしいと言えます。おそらく、羅山は太子が仏教に肩入れしたことが憎くてたまらなかったのでしょう。

また、太子は「世間虚仮《せけんこけ》、唯仏是真《ゆいぶつぜしん》」という言葉を残しています。「世間はバーチャルであって、ただ彼岸の世界の存在である仏だけがリアルである」という意味ですが、これも江戸の儒者から攻撃の的になりました。太子は摂政、つまり政治家であり、宗教家ではないにもかかわらず、仏だけがリアルだなどというのは間違っているというのです。それでは政治家としての責任を果たしておらず、そもそも政治家になるべきではないというのです。このような批判を荻生徂徠《おぎゅうそらい》などが展開したのでした。

しかし、太子は仏教のみを公式イデオロギーにしたわけではなく、儒教を用いて「冠位十二階」や「十七条憲法」を制定し、現実の政治において多大な業績を残したのですから、この批判も的はずれです。太子には、すぐれたバランス感覚があったのです。

やがて鎌倉時代に入るとさまざまな新仏教が興り、室町時代にかけて大きな勢力として成長します。その後、天下統一を目指す織田信長は、比叡山延暦寺の焼き討ち、それに続く一向一揆の拠点である石山本願寺の襲撃など、徹底して仏教教団を弾圧しました。当時の延暦寺は戦国大名と手を組んだ武装勢力で、一向一揆は本願寺を後ろ楯にした小領主たちが結合して起こしたものであり、いずれも信長にとっては邪魔者以外の何ものでもなく、完膚なきまでに打ちのめそうとしたのです。

そののち江戸幕府を開いた徳川家康は、信長を反面教師として、仏教を許容する姿勢をとりました。家康は、本寺・末寺の関係を厳しく統制して仏教界を管理し、「檀家制度」や「寺請《てらうけ》制度」などによって寺院を経済的に保護しました。檀家制度によって、すべての家は必ず特定の宗派や寺に属すことが義務づけられる代わりに、布教は禁止されました。また寺には、檀家の人々の結婚、転居、就職、旅行の際に必要な身分証明書としての「寺請証文」を発行させました。幕府が諸寺院に戸籍係の役目を与えたわけで、寺は徳川政権の末端組織に組み入れられ、仏教の権威は地に堕ちました。

しかし逆に、これ以降、仏教は大衆化されて民衆の中に根づいていくことになります。仏教は日本に伝来して以来、奈良時代の南都六宗にしろ、平安時代の天台宗や真言宗にしろ、大衆とは縁の遠い存在でした。平安末期までの仏教は天皇や貴族のためのものと言ってもよく、いわゆる高級でセレブな思想だったのです。鎌倉仏教が出現してからは一般の人々の間にも広まりますが、それでも武士などの新しい身分集団の人々が中心で、真の意味での大衆にまでは及びませんでした。

それが家康の仏教対策によって、仏教は葬送儀礼を中心とする「葬式仏教」となり、一気に身近な存在となって日本中に広まったという側面を見逃すことはできません。こうして寺の僧侶が人々の葬儀をとり行うようになっていったのです。一般大衆に死者の弔いをする習慣ができたのも、この頃です。「葬式仏教」はよく批判の対象とされますが、葬儀や法事・法要などの先祖供養によって仏教は民衆の宗教的欲求を満たし、社会的機能を果たしてきました。このことは高く評価されるべきです。

巧妙な仏教対策によって仏教の権威を否定した家康は、そのかわりに儒教を積極的に受け入れました。それも宗教としての「儒教」ではなく、政治や道徳の学問としての「儒学」を受け入れたのです。家康は儒学を世俗社会における道徳とすると同時に、武士を支配階級に置いて、幕藩体制の強化を図りました。

古代中国の封建制度をモデルとしてつくられた儒学の政治思想は、圧倒的に仏教よりも幕藩体制に好都合でした。儒学の説く「五倫」とは、君臣の義・父子の親・夫婦の別・長幼の序・朋友の信ですが、朋友以外はすべて身分的な上下関係です。君臣は言うに及ばず、父子・夫婦・兄弟にしても「家」を媒介としての君主への奉公につながっています。人間関係の全体が家康の構想した社会に合致するわけです。おそらく、家康にとって儒学ほど都合のよい政治の道具はなかったはずです。幕府を頂点とする社会的な秩序の維持を図るためにも、仏教にかわって儒学を日本人の道徳として受け入れる必要が、家康にはどうしてもあったのです。

では、江戸時代以降は仏教が日本人の葬式を担当し、儒教が日本人の道徳を担当したのか。事実はそのように単純ではありません。「葬式仏教」と呼ばれた日本仏教は儒教の影響を強く受けています。それも学問としての「儒学」ではなく、宗教としての「儒教」の影響を受けているのです。

■日本人と結婚式　神前式の歴史は浅かった

葬式について考える前に、結婚式と日本人のかかわりを考えてみましょう。

太平洋戦争以後、わが国の社会形態は大きな変革を遂げ、欧米文化の著しい影響を受けました。それにつれて結婚式のスタイルも、神前式、教会式、仏式、人前式といった多様なスタイルに発展していきました。しかし、花嫁が白無垢（打掛）から色鮮やかな振袖やドレスに色直しするという今日ごく一般的に行われる様式には、日本的な陰陽相和の象徴が見事に表現されています。

現代の結婚式は、従来のホテルや結婚式場で挙式するスタイルに加え、ハウスウエディングやレストランウエディングなどの新興勢力が入り乱れて、一種のカオス状態となっています。このようなカオスの中で、「日本で昔から行われてきた神社での神前式を見直す」という声も起こっていますが、神前式とは決して伝統的なものではなく、その歴史は意外にも新しいのです。それどころか、キリスト教式、仏式、人前式などの結婚式のスタイルの中で一番新しいのが神前式なのです。

もちろん古くから、日本人は神道による結婚式を行ってきました。でも、それは神主にお祓いを受けるとか、三三九度を交わすということではありません。家を守る氏神の前で、新郎と新婦がともに生きることを誓い、その後で神々を家に迎えて、家族、親戚や近隣の住民と一緒にごちそうを食べて二人の門出を祝福するというものでした。

つまり、昔の結婚式には宗教者は介在しなかったのです。神道もキリスト教も関係ない純粋な民間行事であったわけです。

しかし、日本における冠婚葬祭の規範であった小笠原流礼法は、朱子学すなわち儒学を基本としていました。昔の自宅結婚式の流れは当然ながら小笠原流が支配していたので、その意味では日本伝統の結婚式のベースは儒教であったとも言えます。

現在も北九州市小倉に伝わる小笠原流礼法のルーツは二つあるとされます。

一つは、源頼朝の家来だった小笠原長清を祖とする鎌倉時代以来の弓道と馬術の礼法。もう一つは、足利義満の礼儀作法の師であった小笠原長秀を祖とするもので、室町時代以来の冠婚葬祭や日常のマナー全般の規範としての礼法です。

明治時代以後、小笠原流礼法の影響のもと、日本の結婚式は家の中で完結する行為から、神社で行う神前結婚式が主流となりました。これは当時、導入され始めたキリスト教式の結婚式に影響を受けて登場したもので、明治三三(一九〇〇)年に宮中の賢所で行われた皇太子(のちの大正天皇)と節子妃(貞明皇后)との婚儀がきっかけです。その様子が報道され、民衆の間に、「皇太子殿下のようにおごそかに神前で結婚式をあげてみたい」という声が広まる中で、翌明治三四(一九〇一)年に日比谷大神宮(現在は東京・飯田橋にある東京大神宮)が一般人を対象に、大神宮の神前で模擬結婚式を行いました。

さらに明治三五(一九〇二)年、アメリカ帰りの高島ドクトルと仙台の豪商の娘、金須松代のカップルによって、実際に民間での神前式第一号が行われたのです。九月二一日、午後四時三〇分から挙式はわずか三〇分間、その後は帝国ホテルに移動して披露宴、という現代ではおなじみのスタイルです。初の民間神前結婚式はナイトウエディングでした。

この神前結婚式について、当時の新聞は「立礼である点、簡易軽便にして」と三〇分式をほめたたえています。この日比谷大神宮の「仕掛け」がヒットして、全国各地の神社が神前結婚式を行うようになりました。ホテルの中に初めて神前式場をつくったのも帝国ホテルですが、これは大正一二(一九二三)年の関東大震災で日比谷大神宮が崩壊したのが理由でした。

このように神前結婚式の歴史はたかだか約一二〇年にすぎず、それもキリスト教式の導入がきっかけで生まれたものであるという点は興味深いです。しかも、この動きは仏教にも影響を与え、明治時代末期には曹洞宗を皮切りに各宗派が仏前結婚式を始めたのです。増上寺や築地本願寺でも婚礼が行われました。

ところが、結婚式にはこれほど大きな影響を及ぼしたキリスト教が、日本での布教という点ではまったく不振でした。鎖国時代は致し方ないとしても、明治六年の切支丹禁制高札撤去から一五〇年以上経った現在も、いまだに信徒数は一二六万人ほどで、人口比は一％ほどなのです。宗教界の世界シェア三〇％の看板が泣きます。

一方、隣の韓国を見ると、キリスト教徒のシェアは二五％。この四〇年間で大幅に信徒が増えましたが、同じ文化圏に属しながら一％と二五％、この違いはどこから来たのでしょうか。いろいろな理由が考えられますが、一つには「入りやすさ」の違いがあったのではないかと言われます。韓国は伝統的な宗教風土として儒教の影響が強いことが知られています。儒教は一五～一六世紀に朝鮮政権と結びついて強い影響力をもちましたが、逆に一七世紀以降は王朝とともに衰退します。それと入れ代わりに、近代化とともにキリスト教が入ってきました。儒教とキリスト教はいずれも「天」という共通のコンセプトをもっていたがゆえに、スムースに交代が行われたのではないかというのです。

一方、日本には何があったかというと、基本として古神道に代表されるアニミズムです。自然界のあらゆる事物を霊的存在とみなす「やおよろず」的な宗教観で、キリスト教とは到底かみ合いません。アニミズムに「天」は存在せず、「天」の文字は古代から天皇という最高権力者のものだったのです。そのため日本ではキリスト教伝来の当初から「天」あるいは「天にいます神」という概念を受け取るのに苦労したのです。キリスト教側から見れば、非常に教義を伝えにくい、受け入れられにくい土地であったでしょう。

そのように布教が振るわなかった日本のキリスト教が、教育界とブライダル業界では大成功を収めました。ともに女性のニーズをつかんだことが大きいとされますが、聖心や白百合に代表される女子のミッション・スクールや、上智・立教・青山学院といったキリスト教系大学のイメージは高く、チャペルウエディングは今日に至るまで人気です。

神前式の誕生によって一時的に後退した教会式も、一九八〇年代に三浦友和と山口百恵、神田正輝と松田聖子、郷ひろみと二谷友里恵などの芸能人同士が教会で結婚式をして以来、女性にとって憧れのスタイルとして不動の座を占め、現在に至っています。

皇室や芸能人などの「セレブ」の儀式やライフスタイルを一般の人々が真似る背景には、スノビズムを媒介とした一種のシミュレーションがあります。それ以前にも、昭和を代表する結婚式である皇太子（現在の上皇陛下）と美智子妃（現在の上皇后陛下）の婚礼の儀によってウエディングドレスが定着したり、石原裕次郎と北原三枝の結婚披露宴が日活ホテルで行われたことによってホテル婚が流行したりする現象がありました。

このシミュレーションは結婚式のみならず葬儀も同様で、一九八七年の石原裕次郎と八九年の美空ひばりの葬儀はさまざまな形でその後の日本人の葬儀に影響を与えました。

■日本人と葬儀　仏式葬儀の普及は江戸時代

では、いよいよ日本人の葬儀について見てみましょう。

結婚式における神前式と同様、多くの日本人は現在のような仏式葬儀が昔から行われてきたと思っています。たしかに、葬儀や法要に仏教が関与した形跡は早い段階から見ることができます。また、仏教が日本に伝来するまでのインド、中国、朝鮮といった各地にも見ることができます。しかし、仏教が葬儀や法要を主に担うようになったのは日本のみに見られる現象であり、それも江戸時代になってからのことなのです。

キリシタンの追放を決めた幕府は「キリスト教禁止令」を出しましたが、人々がキリシタンでないことを証明するためにはいずれかの寺の檀家になるしか方法がありませんでした。これが寺請《てらうけ》制度です。住民がキリシタンでないことを証明するためには「宗門人別帳《しゅうもんにんべつちょう》」を作成し、それが戸籍の役目も果たしました。その延長で、寺院が墓地を管理し、「過去帳」という死者の戸籍も管理することになりました。こうして死者との接点という役割が与えられたことで、死者を送る葬儀も仏式が定着していくのです。

一方、明治維新後は神仏分離（廃仏毀釈《はいぶつきしゃく》）によって神道が復興するにつれ、神道式の葬儀を見直す動きがはじまり、仏式とは異なる神葬祭《しんそうさい》が登場しました。神葬祭の主な行事は、帰幽《きゆう》奉告《ほうこく》、通夜祭《つやさい》、葬場祭、霊前祭などです。しかし、神葬祭は広く普及するには至りませんでした。葬式仏教はそれほど強固に日本に定着していたのです。

その根底には、じつは儒教の存在がありました。仏式葬儀では、寺院の本堂中央に安置されている本尊の他に、真言宗系なら「南無大師遍照金剛」、浄土宗・真宗系なら「南無阿弥陀仏」、禅宗系なら「南無釈迦牟尼仏」、日蓮宗系なら「南無妙法蓮華経」といった、その宗派のシンボルとなっている重要な言葉を記した掛軸も本尊とします。

葬儀ではこの掛軸の前に柩を置きますが、崇め拝む対象は、あくまでも本尊としての掛軸です。掛軸への拝礼が終わってから柩に対して思いをいたすということが、仏式葬儀における最重要ポイントです。しかし、仏式葬儀参列者のほとんどは、故人の写真を仰ぎ、柩に向かって礼拝します。そして故人を想っては泣き、何回も香をつまんで焼香し、遺族に重々しく挨拶するばかりで、本尊をまったく無視して退場するのです。

葬儀が始まり、本尊に対する読経が終わると、導師はさっさと退場してしまいます。その後、遺族たちによって柩に別れ花が入れられ、次いで彼らが柩を持って出棺となります。このとき、本尊に読経して死者を導いた導師が先に退場してしまい、出棺には立ち会わないことに疑問を持つ人もいるでしょう。

しかし、その理由は簡単です。死者は成仏したのであり、仏教では、死者の肉体はもはや単なる物体にすぎないからです。あるいは、成仏しておらず、死者は「中陰《ちゅういん》」と呼ばれる生と死の中間領域に入ったのかもしれません。その場合も、残された肉体には何ら仏教的意味はありません。

儒教学の第一人者である加地伸行によれば、葬儀とは死と死後についての説明を儀式という「形」にしたものであるといいます。加地の主著である『儒教とは何か』(中公新書)によれば、日本の仏式葬儀とは儒教の「招魂再生」の儀式にほかなりません。また、位牌のルーツもじつは仏教ではなく、儒教です。位牌というと、故人の戒名を書いて立てるものとして用いられているため、日本人の多くは仏教の習慣だと信じています。しかし、仏教には本来、位牌を用いるという習慣はありません。

仏教は輪廻転生が基本であるので、故人の魂はそのままの形でずっと残っていることはないのです。たしかに魂は不滅ではありますが、輪廻転生によって虫や魚など他の生き物になることもあれば、別人として生まれ代わることもあります。そしてその際、前世の記憶をなくしてしまうとされています。ところが古代中国には、人間の魂は死んだ後も不滅で、しかも、その人間の個性が失われないまま残るという信仰がありました。

つまり古代中国の霊魂不滅説は輪廻転生説とは根本的に異なるものであり、それを象徴しているのが「位牌」です。もともと儒教は「原儒」と呼ばれた葬祭業者の集団がルーツとなっていますが、彼らが強調したのは「死者の魂は生きており、先祖として私たちを見守ってくれている」という考え方でした。その考えが凝縮されたものこそ、位牌なのです。葬儀のときに位牌を立てるという風習は、葬儀に用いられた木主を立てるという儒教に基づいた習慣が日本に伝わったものです。

墓も同様です。「空」を唱える仏教の考えでは、本来、墓というものは不要ですが、儒教においては重要です。儒教文化圏の人々は、遺体を残すことに異常にこだわります。なぜなら、遺体にせよ遺骨にせよ、何か形となるものを残しておかなければ、招魂再生のときに困るからです。その意味で、死者の霊魂が憑依する位牌や墓が重視されますが、この発想は樹木や岩石に神霊が乗り移るという神道の「依代《よりしろ》」にきわめて近いと言えます。彼岸の仏をリアルな存在として、この世をバーチャルな虚仮世界と見る仏教にはありえない発想なのです。

さらには、盆の行事にも、やはり儒教の祖先祭祀の色が見えます。というのは、輪廻転生を本当に信じているならば、故人の魂が死後どこに行こうと、そんなことを気にする必要がないはずです。にもかかわらず気にして救おうとするのは、やはり祖先祭祀という儒教的発想が影響しているせいです。一周忌などの年忌の発想も仏教ではなく、儒教から来たものです。このように儒教ほど、人間の死と死後について豊かに説明してくれる宗教はなく、それは他宗教である仏教の死者儀礼の深奥にまで沈潜していったのでした。

儒教では、その肉体は、死とともに脱け出た霊魂が再び戻ってきて、憑《よ》りつく可能性を持つものとされます。だから、死後、遺体をそのまま地中に葬り、墓を作ります。それがお骨《こつ》を重視する根本感覚となるのです。そうした儒教的立場からすれば、死者の肉体は、悲しく泣くべき対象であり、家族（遺族）がきちんと管理すべき対象です。出棺のとき、仏教的には僧侶は関係がなく、儒教的には家族が関係し、その柩を運ぶのは、当然なのです。

加地によれば、儒教では死者を悼んでいろいろな儀式を行います。はじめに、まず北窓の下にベッドを設けて、そこに遺体を安置します。これは儒教の規定です。このあと順を追って実にこまごまとした規定の下に儀式を進行します。そして出棺となり、墓地に葬ります。死から葬るまでの間、遺体を家に安置しておきますが、このことを殯《ひん》（もがり）といいます。死後すぐに遺体を葬るわけではありません。今日の葬儀において、お通夜を行ったり告別式がすむまで柩を安置しているのは、医学や法律の時間制限は別としても、また日本古来の習俗と融合しているとしても、それは儒教における殯の残影なのです。

儒教では、死から殯の儀式を経て、遺体を地中に葬り、さらにその後の儀式が続きますが、そういう一連の儀式全体を「喪」といいます。遺体を埋める「葬」は「喪礼」の一段階にすぎません。だから儒教的に言えば、「葬式」ではなくて「喪式」です。また、婚礼は昏《くら》い間に行われたことから、日本語の「冠婚葬祭」は儒教では「冠昏喪祭」が正しいのです。

仏式葬儀の中には、このように儒式葬儀の儀礼が取り込まれています。

加地によれば、インドにおける本来の仏教に、果たして今のような葬儀の儀礼があったのかどうかさえ疑問であるといいます。たとえば、明代の儒者である丘濬《きゅうしゅん》が「仏教は中国伝統の喪礼や祭祀の仕方を盗んで葬儀や法要の諸儀礼を作っている」と語ったと、『文公家礼儀節《ぶんこうかれいぎせつ》』の序に出ています。しかし加地は、「誤解なきようにあえて記すが、日本仏教はもちろんすぐれた宗教として存在する。私は仏教信者でありつつ、儒教的感覚の中で生きている」と述べています。この言葉は、多くの日本人にも当てはまるものです。

さて、仏式葬儀には儒教以外の宗教の影も隠れています。

葬儀の帰路、会葬者に対して遺族側は答礼として御挨拶をします。そのとき、「清め塩」の小さな紙袋が渡されます。葬儀が終わって帰宅して家に入る前、この清め塩を身体にふりかけるためです。なぜ、そんなことをする必要があるかというと、葬儀で死者と関わり、死の穢《けが》れがついたであろうから、それを除いて清めるための塩です。

この「死者の穢れ」という発想は、仏教でも儒教でもありません。これは日本古来の死生観であり、神道の死生観につながっています。

日本人は、インド人や中国人と異なり、死者を穢れたものと考えてきました。日本人は人が死ぬと、「不幸があった」などと言いますが、死なない人間はいないわけですから、この発想では人生はすべて不幸に終わることになってしまいます。マゾヒズム的というか、非常に奇妙な考え方であり、仏教や儒教では「死」を「不幸」などとは表現しません。「死」を「帰天」ととらえるキリスト教徒の中には、死者への礼に反するとして「清め塩」を否定する信者もいます。しかし、いくら世界的に見て奇妙な死生観であっても、伝統や習慣は簡単には消えません。日本古来の死生観は、仏式葬儀の中にも取り込まれ、生きているのです。

また、儒式葬儀と日本人の死生観にも重なり合う部分があります。仏教ではお骨に何の意味もないですが、わたしたち日本人は依然としてお骨を単なる物体として考えることができません。飛行機や船などの事故の犠牲者の遺体は、たとえ白骨になっていても探し求めようとします。あくまでも霊魂とお骨とを同一視するという意識があるのです。

この感覚は日本人独自の祖霊観、祖霊意識であり、かつ古今東西、世界中に見られるものです。もちろん、中国にも存在しましたし、今も存在します。そして、この感覚を見事に理論化して、さらに体系化したものこそ儒教なのです。加地は、「おそらくそれは世界で唯一の理論体系である」と述べています。

日本人の祖霊感覚は仏教よりも儒教に近いわけです。このように、仏式葬儀の中には、実は神道も儒教も入り込んでいます。武士道や心学と同じように、葬儀においても神道、儒教、仏教が混ざり合っているのです。こうして見ると、日本人の生活に密着した冠婚葬祭は、さまざまな宗教の受け皿となっていることがよくわかります。まさに、冠婚葬祭とは「日本文化の集大成」と言えるでしょう。

■冠婚葬祭互助会の誕生と発展

江戸時代から明治時代の葬儀において儀式の中心となったのは、「野辺送り」と称された葬列でした。正装した近親者が棺を担ぎ、葬列を組んで村中を練り歩いたのち、埋葬地もしくは火葬場まで運んだのです。葬儀は共同体が総出で行う一大イベントでしたが、すでに一七世紀には葬具を扱う専門業者や棺を担ぐ人足が存在したとの記録があります。明治中期になると葬具貸しと人足請負業が合体して「葬儀社」が誕生しました。

やがて明治末期から大正時代になると、都市化の進行にともなって葬列が省略されるようになり、その代わりの儀式として告別式が登場します。葬儀社の業務も、葬列の手配に代わって告別式の祭壇を用意することにシフトしました。とはいえ、当時の告別式は白宅で行われることが多く、精進落としの料理なども近所の主婦が総出で用意し、ふるまっていました。それが高度成長期以降、病院で最期を看取ることが増えると、遺体の運搬や処理も含めた葬儀の一切を葬儀社がコーディネートすることが一般化します。

この間のパラダイムチェンジに大きな影響を与えたのが日清・日露の両戦争による数万人の戦死者であり、さらに太平洋戦争では二三〇万人以上もの日本兵がお国のためにと散っていきました。夫や息子の悲報を受けても、遺族は物資不足と人手不足から満足に葬儀を出すことができませんでした。このときの苦い経験をもとに、終戦直後の昭和二三（一九四八）年、横須賀にわが国初の冠婚葬祭互助会が誕生したのです。

互助会のコンセプトは日本的な「結《ゆい》」「講《こう》」にもとづいています。

「結」とは奈良時代からみられる共同労働のことで、田植えや収穫、屋根の葺き替えなどにあたって、労働力の交換を前提とした相互扶助によって集約的な作業を可能にしたシステムです。また「講」は鎌倉時代に始まった互助的無利息融通組合で、「無尽」「頼母子講」などとも呼ばれます。メンバー全員が定期的に積み立てを行い、順番に一人ずつに融通することで、家畜の購入や家の普請などが可能になりました。

「講」は、日本の同業組合の先駆でもあります。鎌倉時代の僧・重源は全国の山岳寺院に「講」への参加を呼びかけ、源平の争乱に焼け落ちた東大寺の復興を成し遂げました。衰微した中国の天台山復興も「講」を用いて日中共同プロジェクトで成功させました。じつは、いま寺院や美術館で見られる運慶や快慶を頂点とする鎌倉美術や鎌倉建築のほとんどが「講」の遺産です。また、鎌倉後期に仏教の戒律を復興し、真言律宗を組織した叡尊や忍性は、「講」を募って癩病《らいびょう》救済や貧民救済の事業を起こしましたが、日本の福祉事業のルーツもほとんどこのような「講」から始まったのです。この二人の活動は日本のボランタリー活動の最初の頂点を築くものとして、また、介護問題が重視されている今日的な課題の発端を築いたものとして、とりわけ高く評価されています。

このような「結」と「講」の二つの特徴を合体させ、近代の事業として確立させたのが冠婚葬祭互助会の経営システムです。日本的伝統と風習文化を継承し、「結」と「講」の相互扶助システムが人生の二大セレモニーである結婚式と葬儀に導入され、互助会を飛躍的に発展させる要因となりました。

冠婚葬祭互助会はビジネスモデルとしてはきわめてユニークで特異です。互助会の業務内容は互助会部門と施行部門に分けられますが、両者はまったく異業種であり、前者は金融業、後者はホスピタリティ・サービス業であると言えます。

互助会は相互扶助精神を活動の基本理念としながらも、一方では経営体として消費者保護への責任がなければなりません。そのためには適正利潤を求めながら、それを消費者に還元する方法が講じられなければならないのです。互助会の母体となる企業がしっかりしているからこそ、会員は毎月の掛金を支払い、必要時に役務を提供してもらえます。これは会員と互助会の信頼関係の上に成り立っているということです。いつ発生するかわからない結婚式や葬儀に対して、会員は前受金を積み立てていくのであり、そこには社会的責任と信頼が必要となります。

公共性・福祉性の高い互助会事業に携わる者は、一私企業の利潤追求とは違い、社会への奉仕者としての誇りを持つべきです。掛金を支払ってくれる会員に対して冠婚葬祭の施行という役務提供をすること、これが一般に考えられる互助会の使命です。しかし、さらに大きな視点から互助会の使命というものを考えてみることもできます。

結婚式のみならず葬儀、さらには各種通過儀礼を総合的にとり行う冠婚葬祭互助会の最大の使命とは、日本の儀礼文化を継承し、「日本的よりどころ」を守る、すなわち日本人の精神そのものを守ることではないでしょうか。その意味で全国の冠婚葬祭互助会からなる冠婚葬祭文化振興財団とは、茶の湯・生け花・能・歌舞伎・相撲・武道など、日本の伝統文化を継承する諸団体と同等もしくはそれ以上に「文化の核」ともいえる重要なものを継承する重要な役割を担っているのです。

また、結婚式と葬儀は互助会にとって二大役務とされていますが、それに次ぐ通過儀礼の施行は第三役務と呼ばれています。ビジネスとして考えた場合、これらの利益率はそれほど高くありません。しかし、日本人の精神生活にとって通過儀礼の果たす役割はきわめて大きいと言えます。初宮参り、七五三、成人式で子どもの成長を祝う。長寿祝いや法事で親戚が一堂に集まる。そのような通過儀礼は家族や一族の思い出を強化し、血縁というものを再確認し、心の絆を強める。また、子どもたちに、人のために祝ってあげるという「やさしさ」や「思いやり」の心を育て、自分のために祝ってもらうことによって「感謝」の心が育まれる。互助会が通過儀礼を行うきっかけを作り、それを習慣化することの意義は非常に大きいのです。

「ボランタリー・エコノミー」という言葉があります。

「自発する経済」と訳されますが、平たく言うと、ボランティア活動と経済活動の融合です。ボランタリー・エコノミーは教育からＮＰＯ活動まで、基本的には「すすんで人の役に立つ」ことでお金が回るというしくみです。強いものが弱いものを支配するとか保護するというモデルではなく、相互に関係がつながることがボランタリー・エコノミーの力です。近代に登場した赤十字、ＹＭＣＡ、協同組合、幼稚園などはみんなボランタリー組織でした。そして、互助会の出発点となった「結」や「講」もまたボランタリー組織だったのです。互助会は日本式ボランタリー・エコノミーなのです。

もちろん、互助会への批判もないわけではありません。結婚式や葬儀が豪華になり、高額になっていく一方で、地味婚やナシ婚、家族葬や直葬といった儀式の簡素化も広がっています。これらはどちらが正しいというべきものではないことは、わたしも承知しています。

しかし、儀式本来の、ともに祝いたい気持ち、もしくは亡くなった知り合いに最期のお別れをしたいという気持ちに応えられない儀式で本当によいのか、という疑念が残ります。少なくとも、神を迎え、人々と共食を行うという日本の伝統的な「まつり」の精神は受け継いでいかなければなりません。そこには、単なる文化の継承だけではない、民族としての誇りやアイデンティティがあるからです。

その意味においても、わたしたち冠婚葬祭業に携わる者の使命は重要です。

「よいお式だった」「感動的だった」と感謝されるような結婚式、また「自分もあのように送ってほしい」と言われるような葬儀を提供できるように、いつかは必ず自分も送られる立場になることを忘れることなく、これからも日本人の儀式に携わっていきたいです。

家族にとって儀式とは何か

■「家」という宗教集団

冠婚葬祭を考える上で、「家族」の存在を無視することはできません。

そもそも「家族」とは何でしょうか。宗教学者の柳川啓一は、「家族とは宗教集団である」と述べています。厳密にいえば「家族」というよりも「家」が宗教集団であると言っています。「家」は「祖先」を祭る集団です。しかし、単に生きている家族が死者を祀《まつ》るという意味ではありません。柳川によれば、「家」は世代を超えた存在であるから、生者と「祖先」すなわち死者をふくめた共同体であるというのです。

死者と生者は「祖先」の恩とこれに報いる生者の供養という宗教行為によって、相互依存の関係にあります。宗教行為としての供養がなければ、死者はあの世で迷ってしまうからです。その意味で、「家」はそれ自体が宗教集団となるというのです。

柳川はまた、「家」を生者と死者による共同体として見ています。近世にいたって確立されてくる葬儀と年忌法要の慣行は、死者を一つの通過儀礼のサイクルに組み込むことになりました。すなわち、初七日、四十九日、一周忌、三回忌、七回忌、十三回忌といった葬儀のイニシエーションを設けたのです。三十年忌ないし三十三年忌の「とむらいあげ」によって、個人の法要は終わり、その後は集合体としての「祖先」になります。

これは誕生儀礼の構造と好対照をなしています。生まれた人間もまた、お七夜、宮参り、七五三、十三参り、成人式を経て共同体の成員となりました。乳幼児死亡率の高い時代にあっては「七歳までは神の内」と言われ、七歳までの子どもが亡くなると神の元に帰されたと考え、子を喪った悲しみを慰めました。七歳を超えれば成人まで生存する確率が高くなることを祝ったのが七歳のお祝いです。同様に死者の魂も、亡くなってすぐに現世から離れるわけではなく、段階を経て少しずつ成仏すると考えたのです。これも、家族を喪った悲しみに寄り添うためのグリーフケアのプロセスと見ることができるでしょう。

柳川は、著書『祭と儀礼の宗教学』(筑摩書房)で次のように述べています。

「こうした祖先崇拝は、小家族の親しさや団結をつよめるものであるが、『自分たちの家で祭るのでなければ、何処も他では祭る者の無い人の霊』を崇拝の対象とするために、各家において個別化された信仰となる。ことに、日本の祖先崇拝は、血のつながりによるのではなく、他家から嫁入り婿入りした者も、自分の出自の家ではなく、血縁関係のない祖先を祭るのであるから、中国、韓国の祖先崇拝のような、同族、一族という、小家族をこえた大きな祭祀集団を上位にもつものではない。分家すれば、その分家した者が第一代の祖先となって、本家とは別になるので、日本の祖先崇拝は、無限にスプリットして行く。閉鎖的で、先代先代とたどって行く垂直的な線であらわされる」

「祖先」あるいは「ご先祖さま」とは、「今生きている人々に連なる先代までの人々」です。また共同体の成員にとっては、顔や名前を知らなくとも自分たちを護ってくれる存在です。また老人たちにとっては、やがて自分たちの行きつく場所でもあります。順送りに弔い、弔われることがわかっていたので、死にあたっても「自分もまた祖先になる」という覚悟を決めることができたのでしょう。

「祖先」は「祖霊」でもあり、「祖霊信仰」と「祖先崇拝」を同じような意味で使う場合があります。ともに、死亡した祖先が生きている者の生活に影響を与えている、あるいは与えることができるという信仰に基づく宗教体系です。祖先崇拝は世界中で見られますが、儒教の影響を受けた中国、日本（沖縄）、朝鮮など東アジアでとくに顕著です。中国では祖先崇拝の行事を行う日として「清明節」があり、日本には「彼岸」があります。

イギリスの社会人類学者マイヤー・フォーティスは西アフリカのタレンシ族を調査し、『祖先崇拝の理論』（田中真砂子編訳、ぺりかん社）を著しました。フォーティスは、祖先崇拝がタレンシ族の社会生活全体に広く浸み込んでおり、同じことはアフリカの社会すべてについて言えるとして、「祖先崇拝が行なわれているどの社会でも、この信仰が、家族・親族・出自といった社会的関係や制度に根ざしているという点に異論はあるまい」と指摘します。

哲学者で文芸評論家の柄谷行人は、著書『遊動論』（文春新書）で、フォーティスの報告をふまえて「死者が祖霊になるのに一定の時間がかかり、また、そのためには子孫による供養が必要だという考えは、どこでも共通している。だから、子孫が不可欠なのである」と述べ、さらに「タレンシたちにとっても、人生における最大の不幸は、自分のために葬式を営み、出自に基づいて家系を継いでくれる息子を残さずに死ぬことで、この不幸に比べれば、死そのものなど問題にもならない」ことを強調しました。

重要なことは、祖先崇拝は単なる死者崇拝ではないということです。

両者の違いについてフォーティスは、「もしも祖先崇拝が死者崇拝の一部であるに過ぎないのなら、祖先崇拝の意味は、死・たましい・死霊・霊・後生などをめぐる慣習化した信仰や行事の中に求められるはずである。しかし、民族誌や歴史上の事例を見れば、死霊・たましい・幽霊などとの宗教的交わりが、真の祖先崇拝ではないことは明らかである。こうした霊の存在や、その超人間的性格は生から死への変化にかかわるもので、このことは葬送儀礼の中にはっきり見てとることが出来る」と述べています。

エドワード・バネット・タイラーやブロニスラフ・マリノフスキーといった高名な人類学者たちは、祖先崇拝について考察を重ねました。タイラー説に従う人々は、儀礼、信仰、慣例などの内容を祖先崇拝の主な現象と考え、祖先崇拝を死についての考え方や霊魂観の産物として解釈しようとします。他方、マリノフスキー説に従う人々は、肉親を失った動揺や死滅することに対する恐怖を情緒的に和らげ、安堵《あんど》させるために祖先崇拝が必要なのだと説きます。しかし、フォーティスはさらに一歩進んで、自分のために葬式を挙げて祀ってくれる子孫が必要だからであるという合目的説を展開したのでした。

この点について、日本ではどうなのでしょうか。近世日本人の祖先崇拝を研究したベルギー人の社会宗教学者ヘルマン・オームスは、著書『祖先崇拝のシンボリズム』（弘文堂）で、「日本の祖先崇拝は、民族学者・社会学者・文化人類学者などによってかなりよく研究されてきた。しかしこれらの研究で、ともすれば忘れられがちなのは、祖先崇拝が、宗教的な現象だということである。すなわち単なる社会現象ではなく、同時に、それは、象徴に関わる文化システムであり、人々はある特別な認識（ある種の『信仰』）を通してこれと同化するのである」と述べています。

日本人にとって祖先崇拝は特定の宗教として意識されてはいません。宗教以前の慣習として内面化されているのです。オームスによれば、それは社会現象でも宗教現象でもとらえられないシンボルに関わる文化のシステムであるというのです。たしかに、日本人の宗教は「葬式仏教」などと揶揄《やゆ》されることもありますが、これは裏を返せば、日常の生活では宗教は必要としていなくとも、亡くなった家族を弔い、祖先として祀るための儀式は必要と認識されているということです。

古代より日本人は、先祖を「カミ」「ホトケ」と呼んで大切にし、どの時代にあっても「ご先祖さま」を祀ってきました。それは、宗教を超越した日本文化および日本人の「こころ」の特徴であると言えるでしょう。この日本人の「こころ」が、神道、儒教、仏教という三本柱のハイブリッド宗教に支えられていることはすでに触れたとおりです。

では、日本人にとって「先祖」とは何か。

結論から言うと、「先祖」とは「子ども」です。日本人は世界的に見ても子どもを大切にする民族だといいます。そして、子どもを大切にする心は先祖を大切にする心とつながっています。柳田國男は『先祖の話』（筑摩書房）で、輪廻転生の思想が入ってくる以前の日本にも生まれ変わりの思想があったと説いており、その特色を次の三つだとしています。

第一に、日本の生まれ変わりは仏教が説くような六道輪廻ではなく、あくまで人間から人間への生まれ変わりであること。

第二に、魂が若返るためにこの世に生まれ変わって働くという、魂を若くする思想があること。

第三に、生まれ変わる場合は、必ず同じ氏族か血筋の子孫に生まれ変わるということ。

柳田は「祖父が孫に生まれてくるということが通則であった時代もあった」と述べ、そういった時代の名残として、家の主人の通称を一代おきに同じにする風習があることも指摘しています。

この柳田の先祖論について、宗教哲学者の鎌田東二は、著書『翁童論』（新曜社）において、「柳田のいう『祖父が孫に生まれてくる』という思想は、いいかえると、子どもこそが先祖であるという考え方にほかならない。『七歳までは神の内』という日本人の子ども観は、童こそが翁を魂の面影として宿しているという、日本人の人間観や死生観を表わしているのではなかろうか。柳田國男は、日本人の子どもを大切にするという感覚の根底には、遠い先祖の霊が子どもの中に立ち返って宿っているという考え方があったのではないかと推測しているが、注目すべき見解であろう」と述べています。

「子どもこそが先祖である」という考えをかつての日本人が常識として持っていたというのであれば驚くべき卓見です。たしかに、亡くなった家族がまた再生してくるならば、死に別れの悲しさは生まれ変わってくるまでのこととして受け入れることができます。また、自分自身が死ぬ場合のことを想像してみたときも、生まれ変わるのであれば、見ず知らずの赤の他人を親として選ぶよりも、自分の子孫の子として再生したいと願うでしょう。そして、その希望が死への恐怖をも克服させてくれるかもしれません。生命を連綿と続く輪と捉えるならば、個としての生と死はそのほんの一部にすぎず、自分が属する「家」とともに、生命もまた永遠なるものと考えることが可能なのです。日本人の伝統的な霊魂観、生命観は既存の宗教を凌駕した特長を備えているのです。

■古代の家族宗教

祖先崇拝は人類普遍の信仰といってよいでしょう。

フランスの歴史家フュステル・ド・クーランジュは、古代ギリシャや古代ローマの祖先崇拝の様子を『古代都市』(田辺貞之助訳、白水社)で紹介しています。のちに同書を再評価したラドクリフ＝ブラウンは、その核心を著書『未開社会における構造と機能』(青柳まちこ訳、新泉社)で次のように紹介しています。

「古代ギリシャやローマの宗教のもっとも大切な部分は祖先崇拝であった。我々はこれを宗教のある型の一つの例と考えてもよいであろう。大体同種の宗教的礼拝が、中国では古代から現在にいたるまで存在している。また今日のアフリカやアジアの多くの地域に、同種の礼拝が存在しており、それらを研究することができる。それ故、この型の宗教については広く比較研究をすることが可能である。私自身の経験では、我々がもっとも容易に宗教的礼拝の社会的機能を発見し、提示しうるのは、祖先崇拝においてである」

古代ギリシャ人やローマ人の家には祭壇が据えてあったといいます。そして、つねに燃える灰が供えられていました。夜も昼もその火を絶やさないのが、家長の神聖な義務でした。祭壇の火が消えると、その家には災いが襲うと考えられていたのです。毎晩、人々は炭火が燃え尽きないように、灰をかけておきました。朝になって眼がさめると、まずその火をかきたて、木の枝を乗せて火力を盛んにしました。祭壇の火が消えるのは、家族全員が死滅したときです。古代人のあいだでは、竈《かまど》が消えるのと家が絶えるのとは、同じ意味だったのです。

火の儀式は、そのまま食事の儀式につながります。古代人にとっての食事は特に宗教的な行為で、神が司ることでした。神がパンを焼き、食物を調理したのです。食事の初めと終わりには、神に祈りをあげなければなりませんでした。食事を始める前には、祭壇に食物の初物を捧げました。酒を飲む前にも、祭壇に酒を注いで灌祭を行いました。それは神の分け前であるからです。誰もが、神が食卓に列して一緒に飲食していることを信じていました。

クーランジュによれば、ギリシャ人やローマ人の祖先であるインド・ヨーロッパ語族には、はるかな太古の時代から、死者と竈とを礼拝する信仰があったことは確実であるといいます。この古代宗教は物質的自然界に神を求めずに、人間そのものの内に神を求めました。礼拝の対象として、わたしたちの内にある不可視の存在を、すなわち肉を生かしかつ支持する精神力・思考力を選んだのです。

この宗教は時とともに徐々に衰退していきましたが、けっして消滅はしませんでした。ギリシャにおいては、オリンポスの華やかな宗教もこれを根こそぎにすることはできませんでした。クーランジュは、当時の葬礼について、「死者の崇拝は、キリスト教徒の聖者崇拝とはまったくちがっていた。この崇拝の第一の規則は、おのおのの家族によって、血縁ある死者に対してだけなされることである。葬礼は、宗教的には、近親者だけでいとなんだ。きまった時期におこなわれた供養の儀式も、家族だけが列席する権利をもち、他家のものは全部厳重に除外された。死者は一家のものの供物しかうけず、子孫の礼拝だけをのぞむと信じられていた。その家に属さないものが儀式に列するのは、生霊の安息をみだすことであった。したがって、法律は他家の墓地にちかよることを禁じていた。たとえ不注意からにせよ、墓に足をふれることは非常に不敬な行為で、かような罪をおかしたものは死者の怒りをしずめるとともに、わが身のけがれをきよめなければならなかった」と述べています。

家族のみが葬儀に列席する権利を持っていたというのです。あたかも現代日本で流行している「家族葬」を彷彿とさせるかのような記述です。しかし、その後、キリスト教の出現により様相は一変します。インドにおいても、ギリシャと同様に、死者への供物は直系の子孫だけから捧げられました。インド人の法律は、アテナイの法律と同じく、神饌の儀式には、たとえ友人でも、他家のものが列席することを禁じたのです。各家族はめいめい墓地を持っており、死者はそこへ憩いに行きました。血統を同じくするものはそこに葬られ、他家のものはだれも入ることを許されませんでした。諸種の儀式や周年祭はその墓の前で営まれました。それぞれの家族は神となった祖先の姿をそこに見るように思ったとして、クーランジュは、以下のように述べています。

「古代にあっては、墓は各家族の所有地のなかにおかれた。しかも、ある古代人の言葉によれば『子孫のものが家への出入りの都度祖先にであって祈りをささげることができるように』墓は宅地の中央、戸口からあまり遠くないところへきずかれた。こうして祖先は家族のあいだに現存していた。祖先は目にこそみえないが、つねに家庭内にあって、生前と同様に家族の一員であり、その父であった。不滅で、幸福で、神格をそなえた祖先は、地上にのこした子孫の生活に関心をもって、その欲するところを知り、弱点をおぎなった。まだ生きてはたらいているもの、すなわち、古代の表現にしたがえば、まだ一生の年貢をおさめきらないものは、支持者と指導者とを身ぢかくもっていた。それは祖先たちである。彼らは困難にであえば祖先のふるい知恵にすがり、悲嘆にくれては慰めをねがい、危険にであっては庇護を、過失をおかしては許しをもとめた」

この家族宗教には、一定した宗規も共通の儀式書もなかったといいます。おのおのの家族は、その点で、完全な独立を保っていたのです。外部のどんな権力もその礼拝や信仰を規制する力がありませんでした。家長がすなわち祭司で、祭司のあいだに階級の別はありませんでした。ローマの神官長やアテナイの執政官は、家長がその宗教儀式を完全に果たしているかどうかを確かめる権利を持っていました。しかし、家長に対して少しの変更でも要求する権利はなかったのです。

とにかく、「儀式にしたがって献祭を執行せよ」というのが絶対の規則でした。各家族は特殊の祭式と別個の行事と祈禱の呪文と賛歌とを持っていました。家父だけがその唯一の代表者であり、また神官でした。そして、彼だけがその宗教の教えを伝える権利を持っていました。それは父子相伝で、息子に限られていました。

儀式や祈禱文や賛歌はこの家族宗教の根幹をなしていましたが、それは世襲の神聖な財産でした。家族はこれを誰にも分けず、他家のものにもらすことすら禁じていました。インドでも同様でした。バラモン教徒は、「家に伝わり、父より受けた賛歌のゆえに、我は外敵に対して強し」と言っています。

古代家族の成員を融合したものは、血統や感情や体力よりもさらに強力なものでした。それが竈と祖先への信仰です。この信仰は、全家族を現世と他界を通じて一体となるに至らせました。古代の家族は自然の結合である以上に、宗教的な結合でもあったのです。したがって、女性は結婚の神聖な儀式によって同じ宗教に帰依しなければ、けっして家族の一員とは認められなかったといいます。古代ギリシャ語では、「家族」を示すのに「エピスチオン」という言葉を使いました。それは「竈のかたわらにいるもの」という意味でした。家族とは、同じ竈神に祈り、同じ祖先に神饌を捧げる人々の一団のことだったのです。

■古代ギリシャ人と日本の結婚

古代ギリシャ人の信仰を「家族宗教」と呼ぶならば、それが設定した最初の制度は婚姻であったとされています。男子から男子へ伝えられた竈神と祖先への崇拝は、けっして男子だけに属していたものではなく、女子も祭祀にたずさわりました。娘としては父の、妻としては夫の宗教行為に従いました。クーランジュは「この事実だけみても、古代人のあいだの夫婦結合の本質を推察することができる。ふたつの家族は、たとえならんでくらしていようとも、別々の神をもつ」と述べています。

その家族のひとつで、若い娘は幼時から父の宗教を信仰し、竈神をまつり、日々に灌祭を行い、祭日には花や葉飾りで竈を飾り、これに保護を願い、その恩恵に感謝しました。父祖の竈神は彼女の神であったのです。

この娘に対して隣家の若者が結婚を申し込んだとします。娘にとっては、父の家を出て他家に入るという以外に、別の重大な問題があります。それは父祖の竈を捨て、夫の竈に祈らなければならないことです。彼女は宗教を変更し、他の儀式を実行し、別の祈りを口にしなければならないのです。

少女時代の神と別れて、よく知らない神の主宰に従うことになります。彼女は婚家の神を尊崇しながら、同時に実家の神を信奉し続けることはできません。この宗教では、同じ人物が二つの竈と二系の祖先とを祀ることを絶対に許しませんでした。ある古代人は、「結婚するやいなや妻は父祖の家族宗教とはまったく関係を断ち、夫の竈神に生贄を捧げるべきものである」と言ったといいます。

古代人の思想の奥に分け入れば、夫婦の結合がどんなに重大であり、この問題に対する宗教の干渉がどんなに必要であったかが理解できるとして、クーランジュは「それゆえ、わかい娘が今後遵奉する信仰に帰依するために、神聖な儀式にのっとる必要があったのは当然である。出生によってむすばれていない竈神の侍者となるためには、叙品《じょほん》式あるいは養子縁組ともいうようなものが必要ではなかったであろうか。　結婚はかように重大な結果を生ずる神聖な儀式であった」と述べています。

ところが、この結婚を司った宗教は、ジュピターやジュノーやその他のオリンポスの神々ではありませんでした。儀式は神殿で行われるのではなく、めいめいの家であげ、これを主宰するのは家の神でした。実際には、オリンポスの神々の宗教が優位を占めるようになった時代には、人々は婚礼の祈りのときにもその神々を祈願せずにはいられませんでした。さらに、婚儀に先立って神殿に赴いて神々に生贄を捧げました。それは「婚礼の序式」と呼ばれましたが、儀式の主な部分は、つねに竈の前で行われたのです。

クーランジュによれば、古代ギリシャ人の婚礼は三幕から成り立っていたといいます。第一幕は娘の実家の前で、第二幕は両家のあいだの道中で、第三幕は夫の家の竈の前で行われ、それぞれ「婚約の式（エンギユエーシス）」「輿入れの式（ポンペー）」「納めの式（テルス）」、と呼ばれたといいます。古代ローマの結婚も古代ギリシャとよく似ていて、同じく三段に分かれていました。

日本人の婚礼も、もともとは三幕から成り立っています。すなわち、結納式、結婚式という二つのセレモニー、それに結婚披露宴という一つのパーティーが合わさったものということです。結婚披露宴とは、言ってみれば両家ゆかりの者たちが同じ竈で料理された食物を囲んで饗宴を催すことです。

かつて古代ギリシャの哲学者プラトンは、元来一個の球体であった男女が、離れて半球体になりつつも、元のもう半分を求めて結婚するものだという「人間球体説」を唱えました。プラトンのいう球体とは「魂」のことであったとわたしは思います。結婚は男女の未熟な魂を結んで（結魂）、夫婦という完成品を作ることではないでしょうか。そして結婚は本来、両家の家族の絆をも強く結ぶものでした。

この数十年で日本人の結婚式や披露宴は大きく変化しました。仲人、結納、金屏風といったものが急速に消え、和装を着る花嫁も減っています。結婚式や披露宴のキーワードも家と家との結びつきよりも、「自由」「個人主義」「合理主義」を強調するものに変わってきました。その結果なのか原因なのかはわかりませんが、年間三十万組近くの夫婦が離婚しています。この四〇年間で日本人の離婚は、じつに二倍以上になりましたが、どんなに時代が変わろうとも、わたしは結婚式や披露宴のキーワードは「家族」であると思っています。近代以前の「家」ではなく、あくまでも現代の「家族」です。

とりわけ、最近の風潮でわたしが残念に思っていることは「結納」の衰退です。

「縁を結ぶ」という言葉にあるように、日本人の冠婚葬祭の「かたち」を作ってきた小笠原流礼法は「結び」方というものを重視しました。水引に代表されるように、紐ひとつとってみても結び方には儀礼的な意味が込められているのです。

結納とはこの「結び」を永遠に「納める」ことを意味する儀式であり、新郎新婦の魂、そして両家の絆をほどけないものとして結ぶのです。それはいわば「固結び」です。それと対照的に、現代のカジュアルな結婚式は「チョウチョ結び」です。見た目はいいけれども、引っ張ればすぐに解けてしまうのです。

結納が減少した理由としては、「形式張っている」「面倒である」というものが多いです。しかし、儀式とはもともと形式、すなわち「かたち」です。形式張っているから意味がないというのは論理的なようでいて実はそうではありません。儀式というものに対する理解不足であり、目に見えない意味をないがしろにすることです。

そもそも、儀式というのは少しくらい面倒なほうがいいのです。そのほうが、脳に強い情報を与えられるからです。この場合の情報とは、もちろん「わたしたちは結婚する」であり、「少々の問題があったとしても簡単には離婚しない覚悟がある」という自他に対するメッセージです。結婚式にしても葬式にしても、儀式とはもともと形式的なものです。そこに実利的な意味が認められないからという理由で否定するのは筋が違います。わたしたちは社会の情報化にともなって、祖霊への感謝や本来のイニシエーションを置き去りにしてきてしまいました。それによって目に見えないもの、心や魂に働きかけるものがどんどん弱体化してしまっているのです。

しかし、「かたち」には「ちから」があります。

儀式は心や魂に力を吹き込み、決定的な影響を与えるための人類の知恵です。わたしたちはこのまま、その偉大な知恵を手放してしまうことになるのでしょうか。

■『礼記』の家族論

儀式の持つ力を最も知り尽くしていたのは古代中国の孔子でした。

彼が開いた儒教は壮大な「礼」の思想体系でした。数多い儒教書の中でも、最も儀式の重要性を説いているのが「四書五経」の五経の一つである『礼記《らいき》』です。

その「昏義篇」には、「結婚の意義」が次のように述べられています。

「昏礼は、まさに二姓の好《よしみ》を合せて、上は以て宗廟に事へ、下は以て後世に継がんとするなり。ゆゑに君子これを重んず。ここを以て昏礼には納采・問名・納吉・納徴・請期に、みな主人廟に筵几して門外に迎へ、入りて揖譲して弁り、命を廟に聴く。敬しみ慎しみて昏礼を重んじ正しくするゆゑんなり」

『礼記』の訳者である中国哲学者の下見隆雄は、これを以下のように訳しています。

「昏礼は、二つの姓の友好を結んで、それで男性側の家は先祖をまつるみたまやの礼を失なわないようにし、後世子々孫々にまでいたる血統を断たぬようにするものである。だから君子は昏礼を重視するのである。こういうわけで昏礼には数々の段階の礼がある。

まず男家の使者が女家に出向いて口上を述べる『納采《のうさい》』にはじまり、相手の姓氏を問う『問《もん》名《めい》』、占いによって結婚が吉であることを確認する『納吉《のうきつ》』、男家から女家に贈り物をする『納《のう》徴《ちょう》』、結婚の日取りを決める『請期《せいぎ》』とすすんで昏礼が行なわれることになる。

　これらの礼の行ない方は、女性側の家の主人は廟《びょう》（祖先の霊をまつるところ）に筵《むしろ》と几《おしまずき》（机）とを設置し、男性側からの使者を廟門の外で拝して迎え、門を入ると階に至るまで三回会釈し、階に至ると弁ることを三回譲ってから堂に弁り、廟で男性側の家からの命をきくのである。かくのごとくするのは、心を敬しく慎んで、昏礼を重々しく厳正にするためなのである」

　ここには婚礼の意義が述べられています。下見隆雄は、「男女の結合が個の意志を越えて、祖先から子孫への種の継続をなす存在として固定され社会制度によってぬりつぶされていることがよくわかる。結婚に限らずすべてのことがらが、個を越えて集団を保ち動かせる観念によって彩られるのは古代社会の特色である」と述べています。

　また、同じく「昏義篇」には、「敬慎重正して后《のち》にこれに親しむは礼の大体なり。しかして男女の別を成して、夫婦の義を立つるゆゑんなり。男女別ありて後に夫婦義あり。夫婦義ありて後に父子親あり。父子親ありて後に君臣正あり。ゆゑに曰く、昏礼は礼の本なりと。それ礼は冠するに始まり、昏に本づき、喪祭に重くし、朝聘に尊くし、射郷に和ぐ。これ礼の大体なり」と述べられています。

　納采、問名、納吉、納徴、請期というように儀礼が進行して、壻《むこ》が婦を迎える親迎が行なわれます。婚礼はこのように敬しく慎んで重々しく間違いなく進められていき、そして夫婦が相親しむのです。それは婚礼がすべての礼の根本になる要素をもっているからです。そしてまたこのようにていねいに行なうことによって、男女が互にけじめを守って接するべきものであること、またこれが夫婦の間の義をたてることになることを教えています。そもそも男女の間にけじめがあってこそ夫婦の正しい結びつきは生じるものであり、夫婦の義があってはじめて父子の間にも肉親の愛がめばえるのであり、父子が正しい愛で結ばれていればこそ君臣の関係もこの感情をおし及ぼして正しく成りたつのです。

こういうわけで、婚礼こそはすべての礼の本になるものといえるわけです。

礼というものは冠礼から始まり、婚礼を本として、喪祭を重んじてその終りを慎みます。朝聘の礼を尊んで君臣の義を正しく保ち、射郷の礼をほどよく行うことによって人々の気持をとけあわせなごませるのです。こういうわけで、婚礼こそはすべての礼の最も重要なる根本と言えるわけです。

一般に、儒教では「葬礼」を重視することが知られています。

しかしながら、『礼記』では「葬礼」ではなく「婚礼」が礼の最も重要なる根本であると述べられています。これは、わたしが考えるに、優先順位の問題ではないでしょうか。

葬儀を行うためには家族の存在が必要です。死者は自分の葬儀を行うことはできませんから、葬儀を挙げてくれる家族をつくるためには子どもを授からなければならず、そのためにはまず結婚しなければならないわけです。「卵が先か鶏が先か」ではありませんが、結婚しなければ祖霊になることさえおぼつきません。礼の精神は天地に基づきますが、具体的な制度としての礼は男女の婚礼から出発するのです。

■孟子が説いた「人の道」

葬儀については、儒教が生んだ「人の道」という考えを知る必要があります。

従来、儒教は宗教ではなく、道徳思想としてとらえられてきました。

しかし、じつは儒教ほど宗教らしい宗教はありません。儒教が宗教であることの最大の理由とは、葬儀を行うことです。葬儀を単なる習俗としてみる人もいますが、葬儀とは紛れもなく宗教儀礼の根幹をなす儀礼であり、儀式です。なぜなら宗教とは生死についてよりどころとなる考えを提供するものであり、葬儀とは「死および死後の説明」を形にしたものです。儒教においては特に葬礼を重視しました。

古代の儒教グループはもともと「原儒」と呼ばれた葬送のプロフェッショナル集団でした。儒教の創始者とされる孔子の母親も、葬儀や占い、あるいは雨乞いに携わる巫女《みこ》だったといいます。これは漢文学者の白川静が名著『孔子伝』で明らかにしています。

雨乞いは、氏族の生活を左右する重要な農耕儀礼として、古代においては盛んに行われました。イギリスの社会人類学者ジェームズ・フレイザーの『金枝篇』（吉川信訳・ちくま学芸文庫）には、未開社会における雨乞いの儀礼が多く紹介されています。それゆえに、「儒」は需要の「需」、すなわち「もとめる」の意味でもありました。なぜなら、古代人の生活で最も切実に求められたのは、旱魃《かんばつ》のときの雨であったからです。

そして、儒教の発生そのものが葬送儀礼と分かちがたく結びついていました。

白川静によれば、孔子の父親と母親は正式の結婚をしておらず、孔子は私生児であったといいます。孔子から二〇〇年ほど後に登場する孟子の母親は、孟子が子どもの頃に葬式遊びをするのを嫌って家を三回替えた、いわゆる「孟母三遷」で知られています。孟子の師である孔子も子ども時代にはよく葬式遊びをしたようです。私生児であり、かつ父親を早く亡くしたため、貧困と苦難のうちに母と二人暮らしをした孔子の少年時代は、今でいう母子家庭です。葬送の仕事をしながら母は孔子を育てました。そんな母親とその仕事を孔子はどのように見たでしょうか。おそらく、深い感謝の念と尊敬の念を抱いたのではないでしょうか。

孔子は母親の影響のもと、「葬礼ほど人間の尊厳を重んじた価値ある行為はない」と考えていたとしか思えません。そうでないと、孔子が生んだ儒教がこれほどまでに葬礼に価値を置く理由がまったくわからなくなります。

孔子は、人間にとって最も親しい人間とは、その字のとおり「親」であると述べました。そして、その最も親しい親の葬儀をきちんとあげることこそ「人の道」の基本であるという価値観を打ち出しました。孔子の後継者である孟子も、親の葬儀に何よりも価値を置きました。彼は『孟子』の中で、昔の習俗について次のように述べています。

「蓋《けだ》し上世嘗《かつ》て其の親を葬らざる者あり、其の親死すれば則ち挙《あ》げて之を壑《たに》に委《す》てたり。他日《あるひ》之《ここ》を過ぐれば、狐・狸之を食い、蠅《よろ》・蚋《ぜい》之を嘬《くら》い、其の額《ひたい》に泚《あせい》でたるありて睨《ななめにみ》て視ず。夫《か》の泚《あせい》でたるは、人の為に泚《あせい》でたるに非ず、中心より面目《めんぼく》に達《いた》れるなり、蓋《すなわ》ち帰《か》反《え》りて虆梩《もっこすき》もて之を掩《おお》えり。之を掩える誠に是《ぜ》ならば、則ち孝子仁人の其の親を掩うことも亦《また》必ず道あらん」

岩波文庫版『孟子』の翻訳をした中国哲学者の小林勝人は、こう訳しています。

「思うに、太古には親が死んでも葬らない時代があった。親が死ぬと、みんなその死骸をはこんで谷間に棄てておいた。あとで、そこを通りかかって見ると、狐や狸が死骸の肉を食い、蠅や蚋などが一杯たかっていたので、思わず知らず額に冷汗がにじみでて、横目でちらりと見たきり、まともには見られなかった。この冷汗は、他人に見られるのが恥かしくてでたのではない。心の奥底から親にすまない、痛ましいと感じて、面や目にもにじみでたのである。そこで、急いでわが家に帰って、土籠や土車をとってきて、土を〔運んで死骸の上に〕かけて見えないように掩《おお》いかくした。〔これが埋葬の起源なのである〕。このように土をかけて見えなくするのが、まことに道理にかなった善いことだとすれば、後世の孝子や仁人がその親を手厚く葬ることも、これまた当然の道理であろう。〔したがって、薄葬のよくないことは、もはやいうまでもあるまい。〕」

このように、孟子は「埋葬をきちんと行うことは、単なる習慣の問題ではない。それは、親子の絆を証しているのであり、死ですらそれをほどくことができないのだ」と結論づけていますます。古代の中国人たちは自分たちのあり方のルールとして「礼」というものを持っていましたが、葬儀を最重要視することで、「死」がこの「礼」の基準となっていきます。

人間はその一生において、さまざまな社会的関係をつくっていきます。

一般人なら、成人式、結婚式、葬儀、祖先祭祀といった、いわゆる冠婚葬祭です。この中で、冠(成人式)は一般庶民にまで徹底したわけではありません。また結婚しない人間もいますし、祖先の祭祀をしない者もいます。しかし、必ず避けられないものは「葬」です。葬礼こそ一般人の「礼」の中心なのです。

それでは、葬礼のモデルとは何かといえば、親の葬礼を置いて他にありません。なぜなら、一般的に言って、親が子よりも後で亡くなるという特別な場合を除けば、人間はほとんど必ず親の死を迎え、葬礼を行うからです。この必ず経験する、親に対する葬礼を基準とし、それを最高の弔意を表すものとするのです。つまり、最も親しい「親」の死を最も悲しむわけです。親の葬礼を行うことこそは、すべての「礼」の中心となる行為であり、「人の道」を歩むことにほかならないのです。

■ヘーゲルが説いた「埋葬の倫理」

孟子とほぼ同じことを述べた人物が一八世紀のドイツにいました。

ゲオルク・ヘーゲル。近代哲学における最高の巨人です。ヘーゲルの哲学はこれまでマルクス主義につながる悪しき思想の根源とされてきました。しかしながら、わたしは、ヘーゲルほど現代社会が直面する諸問題に対応できる思想家はいないと考えています。たとえば、彼は『精神現象学』（長谷川宏訳、作品社）において、次のように述べています。

「抽象的な自然の運動を補って、それに意識の運動をつけくわえ、自然の行為に介入し、血縁の死者を破壊から救いだすこと、もっと適切にいえば、破壊されて純粋な存在となることが避けられないものとすれば、破壊の行為をみずから引きうけることである。それによって、死んだ共同の存在が自分のうちに還ってきて自立した存在となり、ただ個物としてある無力な死体がみんなに認められた個人となる。死者は、その存在がその行為や否定的な統一力から切り離されるから、空虚な個物となり、他にたいして受動的に存在するものでしかなくなって、すべての低級な理性なき生物や自然の元素の力の餌食となる。理性なき生物はその生命ゆえに、自然の元素はその否定力ゆえに、いまや死者よりも強いものとなっているのである。無意識の欲望や元素の抽象的な力に基づくこうした死者凌辱の行為を防ぎとめるのが家族であり、家族はみずから行為を起こすことによって血縁者を大地のふところに返し、不滅の原始的な個たらしめる。それによって、死者は共同世界の仲間に引きいれられるので、この共同世界は、死者を思うさま破壊しようとする元素の力や低級な生物を配下におさめ、その力を抑制するのである」

ヘーゲルは、共同体と人間の関係について徹底的に考えた人でした。社会制度と個人のあり方をみたとき、共同体には大きく二つのものがあります。一つは「国家（ポリス）」という公共的で明確な法律を持った共同体です。

もう一つは、血縁で結ばれた私的な共同体、つまり「家族」です。ヘーゲルによれば、国家は男たちのつくりあげる共同体です。男は家族の中で育ちますが、成年になると公共的なものに眼を向け、そこにアイデンティファイします。自由と共同性を実現した「人倫の国」こそが、ヘーゲルにとっての理想国家なのです。

では、家族はどうか。家族は、男女が結びつき、愛し合う場所であり、愛の結晶である子どもを育てる場所です。国家の側からすれば、家族の機能とは「子どもを立派な公民として育て上げる」ということにつきます。しかし、家族の最大の存在意義とは何か。

ヘーゲルは、家族の最大の義務を次のように明らかにしました。

「この最後の義務こそ完全な神の掟であり、個人にたいする共同体の積極的な行動である。愛を超えるような共同体的広がりをもつ他のすべての行為は、人間の掟に属するものであって、自然発生的な共同体（家族）に現実にとりこまれた状態にある個人を、そこから脱出させようとするものである。ところで、すでに見たように、人間の正義の内容と力は、現実の意識的な共同体秩序――民族全体――にあり、神の正義と掟の内容と力は、現実の彼岸にある個人――死者――にあるのだが、といって死者は無力なのではない。死者の力は純粋に抽象的・一般的な、元素にもどった個たることにあって、かつて元素たることを脱却して、みずから民族の現実の一員たることを意識していた個人が、その掟でもあり土台でもある純粋に抽象的な元素へともどっているのだ」

家族の最大の義務とは、「埋葬の義務」なのです。どんな人間でも必ず死を迎えます。これに抵抗することはできません。死は、自己意識の外側から襲ってくる暴力といえますが、これに精神的な意義を与えて、それを単なる「自己」の喪失や破壊ではないものに変えること。それこそが埋葬という行為なのです。家族は死者を埋葬することによって、彼や彼女を祖先の霊のメンバーの中に加入させます。これは「自己」意識としての人間が自分の死を受け入れるためには、ぜひとも必要な行為なのです。

ヘーゲルは『精神現象学』において、「死」の問題に正面から取り組みました。死の恐怖を知ることによって、「自己」の意識がめばえます。死を廃絶してしまうことはできません。できるのは、ただ死に「意味」を与えることだけです。ですから、死者を弔うという制度が発生するのは必然的なのです。

ヘーゲルは言います。国家のために戦って死んだ男たちを埋葬するのは女たち、すなわち家族の役目である、と。もし、埋葬されずに死骸が鳥や獣の餌食にされるならば、それは死者にとっても、遺された家族にとっても、耐えがたいことなのです。家族のとり行う埋葬が「死」に意義を与えてくれるのです。

このように、孟子と同じく、ヘーゲルも「埋葬の倫理」というものを力説しました。

古今東西、あらゆる宗教や哲学が肉親を弔うことの重要性を説いています。有史以来、親が死んで、葬式を出そうと思えば出せるのに、金がもったいないからといって出さなかった民族も国家も存在しません。

ところが、現在の日本人はどうでしょうか。親の葬儀の出費を惜しみ、手間を面倒がって葬式を簡略化する者も多いです。もしくは、自分の葬式を希望しない者もいます。そんな人類の歴史からして前代未聞の存在に日本人がなってしまったら、これはもう世界の恥どころではなく、人類史上の恥ではないでしょうか。

■年中行事と冠婚葬祭

戦後、日本の家制度は解体され、両親と子どもから構成される「核家族」が家族の基本となりました。昨今では、熟年離婚や家族崩壊という話も珍しくはなくなりました。しかし、日本人は長い歴史を通して、家族という単位がその基盤となってきたのです。それは、最初から個人を単位と考える欧米の生活とはおのずから性格を異にするものでした。家族を生活の単位とする日本人の生活慣習や社会慣習の核となる存在としては、ライフイベントである「冠婚葬祭」の他、毎年繰り返される「年中行事」がありました。

わたしは、「儀礼文化＝冠婚葬祭＋年中行事」であると考えています。

倉林正次は『儀礼文化学の提唱』（おうふう）において、「生活習慣といったものも、家族生活を基調として育まれて来た。生産や生業の種類によって、その内容も違っては来るが、日本人の生活には、そうした相違を越えて、あい共通する生活のリズムといったものが存した。一年間の生活の中に、いくつかの折り目をなす事柄があって、それらが生活の流れの中に、豊かな色取りを織り込んできた」と述べています。

わが国の生活習慣の基本をなしているのは、生活に「豊かな色取りを織り込んできた」年中行事でした。年中行事には時代や地域による相違があり、さらに家々による相違も存します。生活の基盤が家族に存するように、これら年中行事も家がその基本単位をなしてきたのです。年中行事は、それぞれ異なる内容と性格を持っています。一年を通して考察してみると、そこには「まつり」のサイクルと呼ぶべき枠組みがあることに気づきます。これを宮廷や神社の祭祀と総合的に考え合わせると一つの祭祀体系が見出されますが、それは村々の神社の祭礼と本質的に同じものであると言えるでしょう。

民俗学者の折口信夫は、年中行事を「生活の古典」と呼びました。彼は、『古事記』や『万葉集』や『源氏物語』などの「書物の古典」とともに、正月、節分、雛祭り、端午の節句、七夕、お盆などの「生活の古典」が日本人の心にとって必要であると訴えたのです。

いま、「伝統文化や伝統芸能を大切にせよ」などとよく言われますが、それはわたしたちの暮らしの中で昔から伝承されてきた「生活の古典」がなくなる前触れではないかという人もいます。伝統文化評論家の岩下尚史などは、「正月もそのうち実体がなくなる。おそらく今の八〇代の人たちが絶える頃には、寺社は別としても、古風な信仰を保つ人たちを除いては、単なる一月になるだろう」と、二〇一七年刊行の著書『大人のお作法』(集英社インターナショナル新書)の中で予測しています。

また、現在の日本社会は「無縁社会」と呼ばれることがあります。しかし、この世に無縁の人間など存在しません。どんな人にも、必ず血縁や地縁があります。そして、多くの人は学校や職場や趣味などでその他にもさまざまな縁を得ていきます。この世は「縁」で満ちているのです。ただ、それに多くの人々は気づかないだけなのです。

わたしは冠婚葬祭を業とする者ですが、冠婚葬祭とは「縁」という目に見えないものを実体化して見えるようにする文化装置であると考えています。結婚式や葬儀、七五三や成人式や法事・法要、そのいずれにおいても、縁というものが強く意識されます。ふだんは会う機会のない生活を送っていても、冠婚葬祭が行われるときには「縁」で結ばれたもの同士が一堂に会します。「縁」という抽象的概念が実体化され、可視化されるのです。

さらに、冠婚葬祭とは、すべてのものに感謝する機会でもあります。七五三・成人式・長寿祝いなどは、無事に生きられたことを神に感謝する儀式です。よって、いずれも神社や神殿での神事すなわち儀式が欠かせません。これまでの成長を見守ってきてくれた神仏・先祖・両親・そして地域の方々へ「ありがとうございます」という感謝を伝える場を持つことが、人生を豊かに過ごしていくことにつながるのではないでしょうか。

■「家族」葬について考える

冠婚葬祭の根本的なルールは変わりませんが、マナーは時代によって変化していきます。

情報機器の世界に「アップデート」という言葉がありますが、冠婚葬祭にもアップデートは必要です。そうしないと時代の変化やニーズから取り残されてしまうからです。

しかし、時代のニーズには迎合すべきものと、慎重になるべきものの両方があります。冠婚葬祭でいえば、後者の代表的な例の一つが「家族葬」でしょう。新聞の死亡欄で「葬儀は近親者のみで行います」という案内を見かけることが多くなりました。続けて、「後日、お別れの会を開催します」という場合もあります。「葬儀は家族葬で」というのが主流になりつつあります。

家族葬を選ぶ理由としては、わたしが思うに、次の四点があげられます。

① 遺族が高齢者
　業者に葬儀を依頼するにしても、見送る側の負担を最小限にしたい。

② 長期闘病生活を送った
　遺族が長期の看病をした場合など、遺族の健康状態を考慮したい。

③ 死の理由を公開したくない
　自殺や特別な事故死の場合には、最小限の参列者にとどめたい。

④ あまり人付き合いがなかった

少子化の影響で、親類の参列者が少ないし、近所や職場での交流が少ない。

さらに、これらは、故人の希望があった場合と、遺族が希望した場合に分かれます。いずれにしても、そこには「ひっそりと葬式を行いたい」「負担がかからない範囲で見送ってほしい」という思いが見え隠れしています。

しかし、本音の部分はどうなのでしょうか。自分で自分の葬式は挙げられないと思っているのかもしれません。お世話になった方々、親しく交際してきた方々に見送られたいと思いつつも、遺族に気を遣った場合もあるかもしれません。

『葬式は、要らない』（幻冬舎新書）を書いた宗教学者の島田裕巳のように、葬儀は「贅沢」であり「不要」だと断言する人もいます。果たして、本当に葬儀は不要でしょうか。人生の最期のセレモニーにおいて、故人はお世話になった方々に集まってもらい、旧交を温めてもらう機会にしてほしいと願っていたのではないでしょうか。自分と共に過ごした日々のことを思い出してもらい、語り合ってもらい、別れを偲んでほしかったのではないでしょうか。

わたしはよく講演会などで「自分の葬儀にどれくらいの人に来てもらいたいかをイメージしてください」という話をします。誤解しないでいただきたいのですが、多くの人が葬儀に集まることが生前のステータスになるという類の話ではありません。

実際、葬儀に集まる何割かは故人ではなく遺族の知り合いだったりもします。そうした人々をすべてシャットアウトして、「ひっそりと少人数で見送ってほしい」と言う裏には、じつは「自分には人望がないのではないか」「さびしいお葬式だったと言われるくらいならば最初から家族だけでよい」という不安があるのではないでしょうか。

わたしは、こうした理由で家族葬が選択されることに、大きな不安を感じています。先の四つの分類のうちの④に該当するものです。

いま、日本の社会を表現して「無縁社会」などという言い方がされています。血縁、地縁、社縁といったすべての「縁」が絶たれた絶望的な社会だというのです。

わたしは無縁社会を解決するひとつの方法は、葬式について積極的に考えることではないかと思っています。自身の葬儀をイメージし、「自分の葬儀はさびしいものにはしない。お世話になった方々に、また遺された家族がこれからもお世話になる人たちに、わたしの人生の卒業式に立ち会っていただくのだ」と思うことで、葬式のイメージは変わるでしょう。

人は死に方を選ぶことはできません。しかし、葬儀のあり方を選ぶことはできます。自分の葬儀を決めることとは、人生の卒業の仕方をプロデュースすることです。それはさかのぼって今をいかに生きるかということにつながってくるのです。

■「終活」から「修活」へ

日本人の葬儀に対する意識は低くなっていく一方です。親族のみで行う「家族葬」、通夜も葬儀も行わずに遺体を火葬場に直行させる「直葬」、さらには遺骨や遺灰を火葬場に捨ててくる「0葬《ゼロ》」といった「薄葬」への流れが止まりません。いままではタブー視されていたことが一気に解禁になってしまったかのような観があります。

ところが一方では、現在の日本は「終活ブーム」です。「終活」をテーマにした講演会やシンポジウムも盛んに開催され、わたしも何度も出演させていただきました。そのとき、参加者の方から「今の終活ブームというものを、どう捉えていますか」という質問を受ける機会が多いです。わたしは、いつも以下のような話をさせていただきます。

これまでの日本では「死」について考えることはタブーでした。しかし、「死」を直視することによって「生」も輝きます。その意味では、自らの死を積極的にプランニングし、デザインしていく「終活」が盛んになるのは良いことであると考えます。

一方で、気になることもあります。「終活」という言葉には明るく前向きなイメージがありますが、じつはその裏には「迷惑」というキーワードが潜んでいるように思えてなりません。みな、家族や隣人に迷惑をかけたくないと言うのです。

「残された子どもに迷惑をかけたくないから、葬式は直葬でいい」

「子孫に迷惑をかけたくないから、墓はつくらなくていい」

「失業した。まったく収入がなく、生活費も尽きた。でも、親に迷惑をかけたくないから、たとえ孤独死しても親元には帰れない」

葬式だけではありません。

「招待した人に迷惑をかけたくないから、結婚披露宴はやりません」

「好意を抱いている異性に迷惑をかけたくないから、交際を申し込むのはやめよう」

すべては、「迷惑」をかけたくないがために、人間関係がどんどん萎縮し、希薄化し、社会全体の無縁化が進んでいるように思えてなりません。

しかし、そもそも、家族とはお互いに迷惑をかけ合うものなのです。子どもは親に迷惑をかけつつ育てられました。その子どもが親の葬儀をあげ、さらに子孫が先祖の墓を守る。本来は当たり前の話です。もともと「つながり」や「縁」というものは、互いに迷惑をかけ合い、それを許し合うものだったはずです。

「迷惑をかけたくない」という言葉は、希薄な「つながり」を象徴しています。日本社会では「ひとりぼっち」で生きる、家族のいない人間が増え続けていることも事実です。たしかに日本人は、他人に迷惑をかけてはいけないと教えられます。迷惑をかける見返りとして金銭を支払うという方法もあります。しかし、人間の老いや病気や死はもっと不合理なものです。

長い間働き、あるいは子どもを育て、年をとってまで迷惑をかけてはいけないという理由はあるでしょうか。死に際にすべての縁を整理して、この世からひとり静かに去ることがそれほど美徳なのでしょうか。

現在、「面倒なことは、なるべく避けたい」という安易な考えを容認する風潮があることも事実です。しかし、こうした風潮に影響を受けた「終活」には「無縁化」が背中合わせとなっている危険性があることを十分に認識すべきでしょう。この点に関しては、わたしたち一人ひとりが日々の生活の中で自省する必要もあります。

親の最期を看取ることが果たして迷惑なのか、葬式を挙げることがほんとうに迷惑なのか。自分の死についての覚悟はどうなのか。「迷惑をかけない」という言葉は、一見他人のことを気遣っているようで聞こえは良いですが、実際は自分が「面倒くさい」というのが本音なのではないのか。

「面倒くさい」ことというのは、現代の日本社会が直面している問題のキーワードです。恋愛が面倒くさいから結婚しない、電話が面倒くさいからメールやＬＩＮＥで済ませる、料理が面倒くさいから外食で済ませる、そして、その面倒くさいことを引き受けてくれるような社会のシステムがちゃんと出来上がっているのです。

しかし、本来は「面倒くさいこと」の中にこそ、幸せがあるのではないでしょうか。

赤ちゃんのオムツを替えることだって、早起きして子どもの弁当を作ることだって、寝たきりになった親の介護をすることだって、みんな「面倒くさいこと」に違いありません。でも、それらは親として、子として、やらなければならないことです。

そして、子どもが成長した後、また親が亡くなった後、どうなるか。わたしたちは「あのときは大変だったけど、精一杯やってあげて良かった。あのとき、自分は幸せだった」としみじみと思うのではないでしょうか。なぜなら、子が育ってしまい、親が亡くなった後では、どちらももうやりたくともできないからです。

人間はすべてのことを記憶しておくわけにはいきません。しかし、「面倒くさいこと」は記憶に残るものです。簡単にできてしまったこと、つまり面倒くさくないことは脳内でスルーされてしまい、記憶に残りません。まさに、「苦労こそ最高の思い出」なのです。

そして、もう一度言いますが、葬儀という儀式は基本的に「面倒」なものです。しかし、故人の縁をたどり、さまざまな人に葬儀に参列してもらい、言葉を交わし、ときには故人の知られざる一面を知り、在りし日の姿に思いを馳せる。故人が主人公となる最期の日なのです。「面倒」の中にこそ、幸せの本質があるのです。

さらに、「終活」という言葉に違和感を抱いている人が多いようです。特に「終」の字が気に入らないという方に何人も会いました。もともと「終活」という言葉は就職活動を意味する

「就活」をもじったもので、「終末活動」の略語だとされています。ならば、わたしも「終末」という言葉には違和感をおぼえてしまいます。なぜなら、死は終わりなどではなく、「命には続きがある」と信じているからです。

そこで、わたしは「終末」の代わりに「修生」、「終活」の代わりに「修活」という言葉を提案しています。「修生」とは文字通り、「人生を修める」という意味です。

よく考えれば、「就活」も「婚活」も広い意味での「修活」ではないでしょうか。学生時代の自分を修めることが就活であり、独身時代の自分を修めることが婚活です。そして、人生の集大成としての「修生活動」があります。

かつての日本は美しい国でした。しかし、いまの日本人は「礼節」という美徳を置き去りにし、人間の尊厳や栄辱の何たるかも忘れているように思えてなりません。それは、戦後の日本人が「修業」「修養」「修身」「修学」という言葉で象徴される「修める」という覚悟を忘れてしまったからではないでしょうか。老いない人間、死なない人間はいません。死とは人生を卒業することであり、葬儀とは「人生の卒業式」にほかなりません。

■小津映画と家族葬

この章を終えるにあたり、小津安二郎監督の映画について述べておきたいと思います。

わたしは小津映画が昔から大好きで、ほぼ全作品を観ています。黒澤明と並んで「日本映画最大の巨匠」であった彼の作品には、必ずと言ってよいほど結婚式か葬儀のシーンが出てきます。小津ほど「家族」のあるべき姿を描き続けた監督はいないと世界中から評価されていますが、彼はおそらく、冠婚葬祭こそが「家族」の姿をくっきりと浮かび上がらせる最高の舞台であることを知っていたのでしょう。

その小津自身は、生涯、家族というものを持ちませんでした。女優の原節子と結婚するのではないかと何度も噂されながらも、実現しませんでした。原は、「晩春」(一九四九)、「麦秋」(五一)、「東京物語」(五三)、「東京暮色」(五七)、「秋日和」(六〇)、「小早川家の秋」(六一)という六本の小津作品に出演しており、二人は日本映画界における最強コンビでした。

映画評論家の西村雄一郎は、小津が初めて原を起用した作品である「晩春」について、著書『殉愛　原節子と小津安二郎』(新潮社)で、「『晩春』は、劇中に能が登場する映画だが、実際に能の要素を取り入れた、小津作品中、最も官能的な映画だといっていい。一時間四八分という比較的短い映画だが、無駄なカットが一切なく、どのシーンも必然性をもち、それぞれに緊密に連携し、特に清々しいまでの構成の美を感じさせる。それは、構成が、能の〝序・破・急〟を意識しているからだと思われる」と述べています。

この西村の「晩春」評を読んで、わたしは大いに納得しました。西村によれば、小津の映画は、全部とは言わないまでも、その多くが〝序・破・急〟のリズムを意識しているといいます。中でも「晩春」は、特に能的なリズムにのっとった映画だといいます。この映画を観終わったとき、見事なまでの無駄のなさ、きちんとした構造の強靭さを感じるというのです。能のリズムとは儀式のリズムです。能のリズムを持った小津映画は儀式的な映画であると言ってよいでしょう。

「晩春」のラスト近くには、結婚式の朝のシーンが登場します。原が演じる紀子の支度が整い、みんなが式場に行こうとします。その前に、花嫁姿の紀子は笠智衆演じる父を呼び止め、三つ指をついて、「お父さん、長い間、いろいろお世話になりました」と言います。このシーンについて、西村は「小津の映画では、小津の考える日本人の〝原風景〟となるものが随所に描かれる。日本人であればこうあってほしい、こういう風景を見たい、こうするのが最も美しいといった心象風景を映画のなかで見せてくれるのだ。この結婚式の挨拶のシーンも、そんな〝原風景〟の典型である。年齢を重ね、小津映画を見てほっとするのは、日本人として後に続く者に教えておきたい、こうした日本人の規範を、きちんと描いてくれているからだろう」と述べています。

小津映画最高の名作とされるのは、「東京物語」です。西村は、一九歳のとき、銀座の名画座で「東京物語」を初めて観たといいます。そのときは「どこがいいのか、さっぱりわからなかった」のですが、一〇年たち、二〇年たって再見すると、その凄さがわかってきたといいます。西村は、その理由を「それは家族のなかから葬式を出す経験をしたからだ」と述べています。

つまり「死」というものがより身近になったからであるというのです。静かに流れていく時間の中で、今、自分が生きている世界から、そこにあったものが少しずつ消えていくことの寂しさ、虚しさ、無常観を心から感じたというのです。その意味で、小津映画とは、年をとればとるほどわかってくる映画の典型なのでしょう。

「東京物語」では、葬儀が終わった後の描写も見事です。

葬儀が終わり、遺族は料亭で会食します。杉村春子扮する長女の志げは、「ねえ、京子、お母さんの夏帯あったわね。あれ、あたし形見に欲しいの」と言い出します。その志げも、長男の幸一（山村聡）も、三男の敬三（大坂志郎）も、次々に帰っていきます。実家に集まった人たちが、一人減り、また一人減っていきます。

「東京物語」について、映画監督の篠田正浩は「何かが無くなっていく映画」と述べましたが、まさに、去っていく者、残されていく者が残酷にも区分けされていくのです。そして最後まで老父（笠智衆）の側にいたのは、戦死した二男の嫁である紀子（原節子）だけでした。老父は、血を分けた子どもたちよりも親切な紀子に感謝の言葉を述べ、亡き妻の形見である女物の懐中時計を贈ります。

この場面について、西村は次のように述べています。

「父が懐中時計を渡した意味は、そこに〝時間の永遠性〟を表現しているのだ。たとえ持ち主が変わっても、人が滅して転じても、時間だけは常に絶え間なく流れていく。今という時間は、過ぎていく時間の最後の瞬間であり、次に来る時間の最初の時間だ。小津は『小早川家の秋』のラストで、笠智衆扮する農夫に、『死んでも死んでも、あとからあとからせんぐりせんぐり生まれてくるヮ』と言わせている。それと同じように、『東京物語』のこのシーンでは、流れては消え、流れては消えする時間の永続性、無常観というものを、時計というオブジェによって表現しているのだ」

この文章を読んで、わたしは「儀式とは、時間の永遠性に関わるもの」であることを改めて痛感しました。人は生まれ、老いて、病み、やがて死ぬ。しかし、その後もせんぐりせんぐり新しい命が生まれてきます。時間が永遠であるように、生命もまた永遠です。すべての日本人が「永遠」の旅立ちを無事に果たせることを願ってやみません。

人間にとって儀式とは何か

■ヒトはいつから葬儀を始めたか

「人類の歴史は墓場からはじまった」という説があります。

七万年前、旧人に属するネアンデルタール人たちは、近親者の遺体を特定の場所に葬り、ときにはそこに花を捧げていました。死者を特定の場所に葬るという行為は、その死を何らかの意味で記念することにほかなりません。しかもそれは本質的に「個人の死」に関わります。ネアンデルタール人が最初に死者に花をたむけた瞬間、「死そのものの意味」と「個人」という人類にとって最重要な二つの価値が生まれたのです。

ネアンデルタール人たちに何が起きたのでしょうか。

何が起こったにせよ、そうした行動を彼らに実現させた想念こそ、原初の宗教を誕生に導いた原動力でした。このことを別の言葉で表現するなら、人類は埋葬という行為によって文化を生み、人間性を発見したのです。

人間を定義する考え方として「ホモ・サピエンス」（賢いヒト）や「ホモ・ファーベル」（工作するヒト）などが有名です。オランダの文化史家ヨハン・ホイジンガは「ホモ・ルーデンス」（遊ぶヒト）、ルーマニアの宗教学者ミルチア・エリアーデは「ホモ・レリギオースス」（宗教的ヒト）を提唱しました。同様の言葉に「ホモ・サケル」（聖なるヒト）というものもあります。

しかし、人間とは「ホモ・フューネラル」（弔う人間）だと、わたしは考えます。ネアンデルタール人が最初の埋葬をした瞬間、サルが人間になったとさえ思っているのです。

ヒトと人間は違います。ヒトは生物学上の種にすぎませんが、人間は社会的存在です。ある意味で、ヒトはその生涯を終え、自らの葬儀を多くの他人に弔ってもらうことによって初めて人間となることができるのかもしれません。葬儀とは、人間の存在理由に関わる重大な行為なのです。

「ダーウィンの番犬」という異名を持ち、チャールズ・ダーウィンの進化論を擁護したイギリスの生物学者トマス・ヘンリー・ハクスリーは、「動物の行動パターンの大部分が、儀式化のプロセスに帰せられている」と主張しました。また、多くの生態学者たちは、一定の動物が抗争状態で利用する様式化されたディスプレイを重視し、これを「儀式」と呼んでいます。

オーストリアの哲学者ルートヴィヒ・ウィトゲンシュタインは、「人間は儀式的動物である」と言いました。その原点は、間違いなく「埋葬」にあります。人類学者の海部陽介は、著書

『人類がたどってきた道』（ＮＨＫ出版）において、「私たち現代人にとって、埋葬という行為は、死者を敬う儀礼的意味を含むもので、まさにシンボリックな行為である」として、人類の埋葬の最古の証拠がアフリカでなく西アジアで見つかっていると述べています。イスラエルのカフゼーとスフールのホモ・サピエンスの墓がそれで、年代は約一〇万年前だといいます。海部によれば、死んだ仲間の遺体の取り扱いについても、示唆的な報告がいくつかあるといいます。スペインのアタプエルカからは、およそ三〇万年前の、最初期のネアンデルタール人の化石が大量に発見されましたが、これらはどうやら洞窟の一番奥深い場所に、意図的に投げ込まれたもののようです。さらに西アジアでは、カフゼーとスフールのホモ・サピエンス以外にも、タブーン洞窟から一二万年前の可能性のある墓が見つかっています。

一九五七年から六一年にかけて、イラクのシャニダール洞窟で発掘が行われました。その結果、ネアンデルタール人が墓に花を添えた証拠が見つかったと報じられました。発見された一体の人骨の周囲の土壌から、さまざまな種類の花粉が検出されたのです。

ネアンデルタール人の化石は、化石人類としては例外的に大量に発見されました。彼らは、七万年頃から積極的に死者を埋葬するようになったため、頭から足まで揃った化石も一〇以上あります。そのため、この種の骨格形態、文化、行動については、比較的多くのことがわかりました。海部は、「多くの研究者は、七万年前以降のネアンデルタール人が埋葬を行なっていたと考えているが、その実態をめぐっては論争がある。イスラエルのタブーン遺跡の墓は、一〇万年以上前のものである可能性もあるとされるが、まだ確かなことはわかっていない。一つの極端な考えは、彼らの埋葬行為は単なる遺体の処分に近いもので、シンボリックな行為ではなかったとするものである（墓とされるものは自然死した遺体が運よくそのまま保存されたもので、ネアンデルタール人には埋葬行為自体が存在しなかったという説もあるが、これは極論に過ぎる）。こうした説の支持者は、ネアンデルタール人の墓には明確な副葬品が存在しないと主張し、クロマニョン人の埋葬との違いを強調している。三万七〇〇〇年前以降のクロマニョン人の墓では、死者はアクセサリーを身につけ、赤色オーカーがまかれたり、火を焚かれたりした例も知られている。これはおそらく儀礼を伴う、明らかにシンボリックな行為だ」と述べています。

しかし、このような考えはネアンデルタール人の埋葬行為をあまりにも過小評価しているとの意見も多いとして、海部はイスラエルのケバラ、およびフランスのレグゥドーで発見されたネアンデルタール人化石を取り上げます。

それには、身体の骨と下顎骨がありながら頭骨がありません。これを何らかの葬送儀礼が行われた痕跡と見る意見もあるのです。さらにわずかながら、ネアンデルタール人の墓にも副葬品があるという主張もあるといいます。

ホモ・サピエンスにしても、四万年以上前の時代となると、儀礼的な埋葬行為の証拠は乏しいと言わざるをえません。西アジアで発見された一〇万年前のホモ・サピエンスの墓（カフゼーとスフール）に、動物の骨が供えられていたという主張もありますが、これ以降三万七〇〇〇年前までの間の時期には、アフリカ、西アジア、ヨーロッパで、ホモ・サピエンスの墓らしいものはほとんど見つかっていないとされています。

現生人類であるホモ・サピエンスは、約二〇万年前にアフリカで種として確立しました。そして、四万～五万年前にヨーロッパに進出しました。つまり、先住のネアンデルタール人（ホモ・ネアンデルターレンシス）と一時共存していたのです。そのため、頭骨化石の分析に基づき、混血（交雑）があったという説も存在していたのですが、この研究結果により、種の文化には影響しなかったことが世界中に報じられました。

十数年前にこれを報道した「ネアンデルタール人と現生人類の間に混血はなかった」という新聞記事を読んで、わたしは「まだまだ謎は多く残されている」と思いました。わたしは、DNAのバトンタッチがなかったとしても、わたしたちの「こころ」にネアンデルタール人たちの心が流れていると信じていたのです。現代の人類がネアンデルタール人とつながっていないのなら、現代人が埋葬をはじめとする葬送儀礼を行うことの根拠をネアンデルタール人に求めることは非常に危険です。しかし、物理的な遺伝はなかったとしても精神的な遺伝があったとわたしは信じていました。その最大の証拠こそ、今日にいたるまで、わたしたち人類が埋葬という文化を守り続けていることでした。

ところが二〇一〇年になって、マックスプランク研究所とアメリカのバイオ企業などからなる国際チームが再度、ネアンデルタール人のゲノム（全遺伝情報）を骨の化石から解読したところ、現生人類とわずかに混血していたと推定されるとの研究結果が出ました。そして、その研究結果は二〇一〇年五月七日付のアメリカの科学誌「サイエンス」に発表されたのです。これは同年四月二一日に拙著『葬式は必要！』（双葉新書）が刊行された直後のことでした。人類史をひっくりかえす大発見、しかもそれは、人間にとって葬式が必要であることの根幹をなす大発見でした。

NHKスペシャル取材班による『ヒューマン　なぜヒトは人間になれたのか』（角川文庫）には、人類の歴史が以下のようにまとめられています。

「私たちの祖先が、チンパンジーやボノボの祖先たちと袂を分かったのは七〇〇万年前頃という途方もない昔の話だ。一般的には人類の誕生の瞬間は、その七〇〇万年前だといわれている。しかし、それは私たち自身、つまりホモ・サピエンスの登場ではない。人類の誕生後、猿人、原人、旧人と経て、ようやく新人と呼ばれるホモ・サピエンスに至る。そのあいだ、進化は一本道ではなかった。数多くの人類の種が存在していたが、結果的に私たちホモ・サピエンスだけが生き残り、ほかの人類の系統は子孫を残さずにほとんど死に絶えてしまったのだ。人種は違えども、現在地球上にいる人類のなかに、ホモ・サピエンス以外の種はいない。かつては、ネアンデルタール人などの旧人を、現代人と共にホモ・サピエンスとする考え方もあったが、いまでは、現代人、および現代人とほぼ同様の骨格の形をした人類を、ホモ・サピエンス種としている」

このホモ・サピエンスに関してはいろんな見方がされています。近世以降の諸科学の驚異的発展は、生物体としての人間のあり方を細部にわたって明らかにしてきました。哲学者ニーチェの「超人」、精神分析家フロイトの「性的人間」、そして経済学者マルクスの「経済的人間」といった学説は、人間存在の深淵を類例のない仕方で解明してみせました。しかし、それらはいずれも人間の全体像に迫るにはあまりにも偏っていました。

■シンボリック・システム

ユダヤ系のドイツの哲学者エルンスト・カッシーラーは、人間を「シンボルを操るもの」と定義しました。これは、わたしの提唱する「ホモ・フューネラル」の別名といってもよいでしょう。なぜなら、埋葬とは最もシンボリックな行為だからです。

カッシーラーは新カント派の泰斗として、シンボル＝象徴体系としての文化に関する壮大な哲学を展開しました。遺作の『人間　この象徴を操るもの』（宮城音弥訳、岩波文庫）はカント以来の「哲学的人間学」の伝統的ドイツ哲学の知的集大成であり、フランスの哲学者ミシェル・フーコーの『知の考古学』（慎改康之訳、河出文庫）に多大な影響を与えました。

『人間』で、カッシーラーは「人間性への鍵――シンボル（象徴）」として、エストニア出身のドイツの生物学者であるヤーコプ・フォン・ユクスキュルの理論を援用しながら、動物の世界が感受系と反応系からなるおのおのの種に特有の「機能的円環」を形作っていることを確認します。カッシーラーの立脚点は、人間の行動を生物学的説明に還元する自然主義の立場とははなから無縁であり、逆に感受系と反応系の間に人間に特有の第三の連結、すなわち「シンボリック・システム」を見出すのです。

この「シンボリック・システム」という新たな機能を獲得することによって、人間は他の動物とは異なる「新次元の実在」の中に生きることになるのです。カッシーラーは「人間はただ物理的宇宙ではなく、シンボルの宇宙に住んでいる。言語、神話、芸術および宗教は、この宇宙の部分をなすものである」と喝破していますが、この言葉は彼の大著『シンボル形式の哲学』（生松敬三・木田元訳、岩波文庫）をはじめとするカッシーラー哲学全体を貫く基本テーゼであると言えるでしょう。

アメリカの人類学者デヴィッド・カーツァーによれば、わたしたちはシンボルを通して、わたしたちを包むカオスの経験に立ち向かい、秩序を創出するといいます。シンボリックなカテゴリーを人間の創造の産物と認めるのではなく、それを客観化することによって、ともかくもそれを自然の産物、単純に知覚し認識する「事物」とみなすのです。じつに、客観世界と主観世界の間に立てる区別そのものが、事実の世界と意見の世界を分ける、人間が創り出したシンボルの産物であると言えるでしょう。

では、儀式とシンボルはどのような関係にあるのか。カーツァーは、著書『儀式・政治・権力』（小池和子訳、勁草書房）で、「私は、儀式を、シンボルの網につつまれた行為と定義してきている。こうしたシンボル化を欠く、標準化された反復行為は、儀式ではなく、習慣もしくは慣習の例である。シンボル化は、行為に、はるかに重要な意味をあたえる。儀式をとおして宇宙についての信念が獲得され、強化され、ついには変化するにいたる。カッシーラーがいうように、『自然は、式典がなければなにものをも生みださない』。儀式行為は、宇宙に意味をあたえるだけではない。宇宙の一部になる。ある観察者が記すように、『儀式行為をとおして、内部が外部になり、主観的な世界像が社会的現実になる』」と述べています。

このようなシンボルの宇宙に住む人間は、「贈与」という行為を発明しました。

フランスの社会学者、文化人類学者であるマルセル・モースは、主著『贈与論』（森山工訳、岩波文庫）において、ポリネシア、メラネシア、そしてアメリカ北西部のアルカイックな部族たちによって実践されてきた、ポトラッチ、クラなどの交換体系の分析を行いました。そして、その分析を通じて、宗教、法、道徳、経済の諸領域に還元できない「全体的社会的事実」の概念を打ち出しました。

かのクロード・レヴィ＝ストロースが『贈与論』を読んで、未開社会における女性の交換システムを定式化する大きなヒントを得たことはよく知られています。レヴィ＝ストロースは、これによって構造主義革命を旗揚げしたとされ、その結果、『贈与論』の名声も高まったのです。同書の序論「贈与について、とりわけ、贈り物に対してお返しをする義務について」で、モースは、「わたしたちの経済組織や法体系に先だって存在してきたあらゆる経済組織・法体系においては、財や富や生産物が、個人と個人とが交わす取引のなかでただ単純に交換されるなどということは、ほとんど一度として認めることはできない」と述べています。

それは、第一に、お互いに義務を負い、交換を行い、契約を交わすのは、個人ではなく集団であること。第二に、これらの集団が交換するのは動産や不動産、経済的な有用性のあるものだけではないこと。交換されるのは何よりも、礼儀作法にかなったふるまいであり、饗宴であり、儀礼であり、軍務であり、女性であり、子どもであり、祝祭であり、祭祀であるということです。

モースは、ポトラッチを取り上げます。ポトラッチとは、北アメリカの太平洋岸北西部海岸の先住民族によって行われる祭りの儀式です。儀式に先立っては、巨大な丸太を彫刻したトーテムポールが彫られ、これを部族員総出で立ち上げる行事が行われます。

ポトラッチの際、裕福な家族や部族の指導者が家に客を迎えて舞踊や歌唱が付随した祝宴でもてなし、富を再分配するのが目的とされます。子どもの誕生や命名式、成人の儀式、結婚式、葬式、死者の追悼などの機会にポトラッチが催されました。太平洋岸北西部先住民族の社会では、一族の地位は所有する財産の規模ではなく、ポトラッチで贈与される財産の規模によって高まったといいます。

モースによれば、ポトラッチによる精神的な影響は、気前の良さを競い合う人間に作用を及ぼし、人間がそこで互いに渡し合う物や、そこで消費する物に作用を及ぼすといいます。だが、それだけではありません。ポトラッチは、それに参加する死者の魂にも、人間がその名前を受け継いでいる死者の魂にも、作用を及ぼすのです。人間は、「名前を継いだもの」、すなわち霊と同じ名前を受け継ぎます。人間同士で贈り物を交換すれば、その交換が死者の霊や神々の諸事物や動物や自然に働きかけ、「人間に対して気前良く」あるように促します。贈り物の交換が豊かな富を生むのです。

なぜ、人間は物を贈り合うのでしょうか。

その問いの答えを、モースは「結局のところ、それは混ざり合いなのだ。物に霊魂を混ぜ合わせ、霊魂に物を混ぜ合わせるのだ。さまざまな生を混ぜ合わせ、そうすると、混ぜ合わされるべき人や物は、その一つひとつがそれぞれの領分の外に出て、互いに混ざり合うのである。それこそがまさしく契約であり交換なのである」と述べています。

まさに、シンボリック・システムの中から贈与という儀礼行為が誕生したと言えます。そして、シンボリック・システムは言語というものを発明しました。そこから、哲学や芸術や宗教といった、人間の精神的営為も生まれ、発展していったのです。

そもそも哲学とは何でしょうか。また、芸術とは、宗教とは何か。

一言で語るならば、それらは人間が言語を持ち、それを操り、意識を発生させ、抽象的表象を持つようになったことと引き換えに得たものです。わたしたちが知っているような話し言葉の誕生が、人類の先史時代を特徴づける一つの出来事だったことに疑問の余地はありません。あるいは、それこそが実際に先史時代を特徴づけた決定的な出来事だったのかもしれません。言語を身につけた人類は、自然界に新たな世界をつくり出すことができました。つまり、内省的な意識の世界と、他者とともにつくりあげて共有する世界、わたしたちが「文化」と呼ぶものです。

ハワイの言語学者デレック・ビッカートンは、「言語こそが、人間以外のあらゆる生物を拘束する直接体験という監獄を打ちこわし、時間や空間に縛られない無限の自由へとわれわれを解き放ったのである」と述べています。

人間は言葉というものを所有することによって、現実の世界で見聞したり体験したことのない、もしくは現実の世界には存在しない抽象的イメージを、それぞれの意識のなかに形づくることができます。そして、そのイメージを具現化するために自らの肉体を用いて自然を操作することができるのです。その能力を発揮することこそが文明でした。

それによって人間はこの自然の上に、田や畑や建造物などの人工的世界を建設し、地球上で最も繁栄する生物となったのです。

抽象的なイメージ形成力を持ち、自然を操作する力を持ち、自らの生存力を高めてきた人間ですが、その反面で言語を持ったことにより大きな原罪、あるいは反対給付を背負うことになります。人間はもともと宇宙や自然の一部であると自己認識していました。しかし、意識を持ったことで、自分がこの宇宙で分離され、孤立した存在であることを知り、意識のなかに不安を宿してしまったのです。実存主義の哲学者たちは、それを「分離の不安」と呼びます。しかし、不安を抱えたままでは人間は生きにくいので、それを除去する努力をせざるを得ませんでした。

この営みこそが文化の原点であり、それは大きく哲学・芸術・宗教と分類することができます。したがって、文明と文化は相互補完の対概念であると言えるでしょう。

「分離の不安」が言語を宿すことによって生じたのであれば、その言語を操る理性や知性からもう一度「感性」のレベルに状態を戻し、不安を昇華させようとする営み、それが芸術であると言えます。また、麻薬を麻薬で制するがごとくに、言語で悩みが生じたのであれば、それを十分に使いこなすことによって真理を求め、悟りを開こうとしたのが哲学です。さらに宗教とは、その教義の解読とともに、祈り、瞑想、座禅などの行為を通して絶対者、神、仏、ブラフマンといったこの世の創造者であり支配者であろうと人間が考える存在に帰依し、悟ろうとしたり、心の安らぎを得たりしようとする営みでした。

このように、哲学・芸術・宗教は同根であり、人間が言語を操って抽象的イメージを形成し、文明を築いていく代償として「分離の不安」を宿したことへのリアクションだと言えるのです。

■儀式の心理的機能

この「分離の不安」が肥大化すると、強迫神経症に至ります。この強迫神経症こそが人間にさまざまな儀式を行わせたと考えたのは、ジークムント・フロイトです。フロイトの宗教批判の核心は、強迫神経症との共通性にありました。彼は一九〇七年の段階から、宗教的な儀礼と強迫神経症の患者の儀礼との共通性に注目していました。強迫神経症の患者には、宗教的な儀礼を行わないと、激しい不安に駆られる人々がいます。

フロイトの文明論集である『幻想の未来／文化への不満』を二〇〇七年に翻訳（光文社古典新訳文庫）した哲学者の中山元は、次のように述べています。

「この儀礼は、日常生活において『つねに同じか、あるいは規則的に変更される方法で実行されている細かなしぐさ、付随的な行為、制限、規定から成り立っている』。たとえば寝る前に、ベッドの前で特定の位置に立ち、椅子に衣服を畳んでおき、掛け布団、シーツ、枕の正確な位置を決定し、ある特定の姿勢で横たわらないかぎり、就寝できない女性がいる。フロイトはこの女性を分析して、それが結婚初夜の破瓜の血の記憶と結びついていることを明らかにしたのだった。問題なのは、他人から無意味としか思われない強迫的な儀礼が、患者にとっては（少なくとも分析をうけるまでは）、やめることができないものであることだ。『この儀式に違反すればかならず耐えがたい不安』が患者を襲い、やめた分を補うための『埋め合わせ』をしなければならなくなるのである」

「この儀式に違反すればかならず耐えがたい不安」に襲われるというのは非常に重要な指摘であり、人類が連綿と結婚式や葬儀の伝統を継承してきた大きな理由もここにあると思われます。つまり、「人間は結婚式や葬儀をきちんと行わなければ大きな不安に襲われ、不幸になる」という思想が人類史を根底から支えてきたと言えるでしょう。

逆に言えば、儀式には人間の不安やストレスをなくす、あるいは減少させる力があると信じられているということです。

　フロイトは、強迫神経症の患者のさまざまな儀礼と、キリスト教のミサにおける細かな決まりには共通性があることに注目しました。どちらにも「中止したときの道徳的不安、他のすべての行為からの完全な隔離（妨害の禁止）、そして細かなことを行う小心さ」が見られるというのです。そして意味がないと見えることも、「そのすべての細部にいたるまで意味にみちており、人格の重要な関心に奉仕」していると考えるのです。

　このフロイトの考えについて、中山は「この強迫神経症の患者たちがこうした儀礼を反復する背景にあるのは罪悪感である」と述べています。患者はその罪悪感を意識することができません。しかしある欲望が知覚されると、患者はその欲望に疚《やま》しさを感じ、そのために懲罰を期待し、「いつでも待ち構えている期待不安」に襲われます。そして、その不安を打ち消すために儀礼が反復されるのです。

「欲動の絶え間ない圧迫に拮抗するために、つねに新たな心的な努力が要求される。儀式と強迫行為は、一部は欲望の防衛に、一部は予期される不幸にたいする防衛に向かうものとして成立する」というわけです。

　フロイトは、患者が無意識のうちに感じている欲望を性的な欲望と解釈しました。しかし中山によれば、宗教ではもっと異なる欲望から、同じような儀礼の強迫的な反復が形成されるといいます。信者は悪しき欲望のために罪を感じるのですが、これは必ずしも性的なものとは限りません。戒律があるために、その戒律に反することを望む心の動きが感じられると、自分は「罪人である」と思うのです。

そして中山は、人間の「良心」はこうした神罰に対する「期待不安」から生まれるのだとすると、宗教的な人間の信心深さは、強迫神経症の患者の儀礼における細心さと共通した性格を持つことになると述べています。「神経症は個人的な宗教性であり、宗教は普遍的な強迫神経症」であると結論できるとフロイトは考えるというのです。

フロイトの説は「儀式の心理的機能」を説明するものであると言えます。

では、フロイトとともに精神分析の双璧とされるカール・グスタフ・ユングの場合はどうか。わが国を代表するユング派心理学者であった河合隼雄は、ユングの「儀式」についての考えを著書『コンプレックス』（岩波書店）で「自我が、コンプレックス内の内容とエネルギーとを、自分のものとするために必要な水路づけの機能を果すものとして、儀式というものがあると、ユングは考える（『心的エネルギー』）。その例として、ユングは未開人の行なういろいろな儀式をあげている。たとえば、狩猟や戦闘などに出発するとき、いろいろと複雑な儀式を彼等が行なうことは、もちろん他の目的も有しているが、ひとつは、そのような儀式によって、狩猟や戦いを行なうに必要なエネルギーに水路を与え、それによって有効なエネルギーを引き出そうとしていると考えるのである」と紹介しています。

このような「水路づけ」の機能を持つものとして、儀式を考えるとき、それはある意味では直接体験の危険性を防ぐものとも考えることができると指摘し、河合は「われわれが何かを体験するためには、それが自我の機能を破壊するようなものであってはならない。たとえてみれば、大量の水が一時に流出すると洪水になるだけであるが、われわれがそれを川に流しこみ、必要な水路へと導くとき、それは灌漑や発電などに利用できるのである。ここに水路の役割は、水を防ぐものであり、水を導くものである。ここに、儀式の両面性がある。それは体験に導くものであり、体験から身を守るものでもある」と述べています。

河合によれば、人間が、自我の力を超越するものとしての神に向うとき、多くの儀式を必要とするのもこのためであるといいます。人はできるだけ神に近く接したいと願います。しかし、その直接体験はおそらく人間を死に到らしめる程の力を持つと考えられます。命を失うことなく、出来る限り近く神に接するにはどうすればいいか。その最善の方法として多くの儀式が生み出されてきたというのです。しかし、このような意味が不明となったとき、儀式は神に近づく手段としてではなく、人間と神との間の障壁としてのみ作用します。つまり、儀式は形骸化するというのです。

■感情の共同体

人類学者ターナーは、心の共同体としての「コミュニタス」を唱えましたが、儀式は感情の共有というものと関わっています。興奮とカタルシスは人間の本質に関わる重要な部分ですが、エモーショナルな儀式の例として卒業式が挙げられます。

日本の学校における卒業式では、教師と生徒が努力を重ね、みんなでともに歌い、感動するという「最高の卒業式」が目指されます。最後は感極まって涙する「感情の共同体」が達成されるわけですが、じつはこの「泣く卒業式」というのは日本独自の文化であるといいます。卒業式は必ずしも別れが悲しくて泣くわけではなく、みんなが泣くから自分も泣くという伝染的要素が強いとされるというのです。

歴史社会学者の有本真紀は、『卒業式の歴史学』(講談社選書メチエ)において、この「儀式と感情との接合」が誕生した背景に迫り、そこに明治初期以来の学校制度構築の歴史が横たわっていることを指摘しています。

同書の序章では、「涙の社会性・文化性」というものが論じられます。有本によれば、それは「誰も理由を問うことのない涙」であり、個人が泣くのではなく複数の個々人が泣くのでもない、いわば「集団の涙」です。そこでは、連帯の証となるような「共同化された涙」であることが重要な条件となるとして、有本は「この『涙の共同化』は、努力や感動ときわめて親密な関係をもっている。たとえば、スポーツ競技や合唱コンクールなど『みんなでがんばった』結果が表れる場面の涙は、美しく道徳的なものとみなされる。『みんなで泣く』ことが、子どもたちの精神的成長の表れと解されることもある。その際教師も一緒に涙するならば、良好な教師・生徒関係が築かれているとして肯定的に受け止められることが多い」と述べます。

実生活での卒業式も、感動や涙と強く結びついています。「感動の卒業式」「涙、涙の卒業式」などの言い回しが、慣用句として流通してもいますが、実際には涙のない卒業式もあるとして、有本は次のように述べています。

「少なからぬ児童・生徒が『くだらない』『面倒くさい』と思いながら参加しているとしても、感動と涙を抜きにしては卒業式というものを観念することができないほどである。だからこそ、ネット上に『卒業式で泣けない私はおかしいのでしょうか』と不安が表明されたり、『特に感慨深いこともないのに、場の雰囲気にのまれて泣きそうです。どうしたら涙をこらえられますか』という質問に多くの回答が寄せられたりする。卒業式での涙が全く個々人の意に任されているものならば、涙に向けられる周囲の目がこれほど意識されることはないだろう。さらに、『卒業式＝涙という方程式ができ上がり、何日も前から「卒業式、泣く?」とか、「いいなあ、〇〇ちゃんは泣けて」だとか、そんな会話をしているクラスメートたちへの反抗』

という書き込みは、卒業式を控えたクラスの会話が『涙の方程式』を前提に展開されていることを象徴的に示している」

感動によって泣くセレモニーといえば、結婚式も同様です。

「感情社会学」で知られるアメリカの社会学者アーリー・ラッセル・ホックシールドは、著書『管理される心』（石川准・室伏亜希訳、世界思想社）において、結婚式について述べています。彼は、結婚式は花嫁や花婿だけでなく、集まった立会人たちにとっても重要な儀礼的出来事であると指摘します。そこではさまざまな親戚や友人たちがどこに座ったか、そして、それぞれどの人がどの程度真剣に関与しているのかに注意が向けられるといいます。

さらには、感情と儀礼という外的な出来事との間に存在する領域――感情規則と感情管理の領域――で何が起こったかということにも関心を持つだろうとして、ホックシールドは「結婚式の準備と儀式に参加することを通して、花嫁はある種の視野の歪みと歓喜を経験する権利と義務を獲得する。権利と義務は、喜びと明るさを外部に表現することにも適応される。花嫁というものはどのように考え、感じ、見るべきかに関する一般的な規則を自分が了解していることを示しながら、花嫁は自分自身を作り上げる。彼女は花嫁らしく振る舞うのである。すべてがうまくいくと、彼女は出来事（結婚式）と、その出来事についての妥当な考え方（それを真剣に捉えること）および、適切な感じ方（幸せ、有頂天、ハイな気分）との間の統一性を経験する。これが起こるとき儀式はうまくいく」と述べています。

泣くセレモニーといえば、葬儀も同様です。

ホックシールドによれば、葬儀は、結婚式と同じように人間関係のなかのある一部分を象徴化し、個人にそのとき限りのある役割を提供するといいます。喪主の役割は花嫁の役割と同じ。すなわち、儀式の前に存在し、儀式の後も存続します。しかし儀式の間の感じ方は、儀式自体の、そして儀式によって思い起こされる絆をどう了解しているかということに関連づけられているとして、彼は「原則的に葬式は、自発的な悲しみや嘆きを誘発するのに適している。なぜなら葬儀は遺族に死の最終性を思い出させると同時に、それを了解しようとする彼らに心強さと慰めの感覚を与えるからである。それに応えて遺族はたいてい、ここは悲しみを感じるのにふさわしい場であり、それ以外の何物でもないと感じる。それでも、悲嘆にくれる［べき］人が、嘆き損ねる容姿は驚くほど多様である」と述べます。

社会学者エミール・デュルケムは、社会的現象を情緒性から派生させました。儀式に参加した人々の間に、感情の共同体が生まれ、感動が湧き起こるというわけです。しかし、レヴィ＝ストロースは『今日のトーテミスム』（仲澤紀雄訳、みすず書房）において、「集会および儀式のさいにそこで現に感ずる感動が、儀礼を生み、あるいは存続させるのではなくて、儀礼活動が感動を挑発するのだ」と断言しています。

デュルケムのいう「湧きたつ社会環境とその興奮そのもの」から宗教的理論が生まれたどころか、社会環境は宗教的理論を前提としているのであると指摘するレヴィ＝ストロースは「真実のところ、欲動および感動はなんの説明にもならない。肉体の強さからにせよ、精神の無力さからにせよ、欲動および感動はつねになにものかに由来している。いずれの場合にせよ、帰結であって、けっして原因であることはない。原因は、生物学のみがその術を心得ているように、有機体の中に求めるか、それでなければ知性のうちにのみ求めることができる。後者こそ、心理学および民族学に与えられた唯一の道である」と述べるのでした。

■「聖なるもの」とのアクセス

儀式はまた、「聖なるもの」とのアクセス技術でもあります。イギリスの牧師にして神学者であるロジャー・グレンジャーは、著書『言語としての儀礼』(柳川啓一監訳、紀伊国屋書店)で「儀礼とは人間の聖性の表現にほかならない」と喝破しました。彼によれば、人間は儀礼の中で本来の自己確認、人間の意味と真実を再発見するといいます。

また、人間に呼びかける聖なる他者、切望の的である未知なる存在に対してそれら再発見したものを委ねるといいます。自分が何者であるかをさらに深く掘りさげるとともに、自分ではない存在に向けていっそう遠くに到達しようとします。遠くに手を差し延べることによって、人間は自己の内部へと浸透し、自己の存在と和解するに至ります。自然に即応した儀礼、あるいは時の経過に即して行われる通過儀礼、人間本来の在り方の中で自己を再発見する猶予を与え、人間とは何かを教えてくれる儀礼、こうした儀礼の力によって、わたしたちは相互に授与し合い、他者の呼びかけに応答する処分自由の存在であることが明らかになるのです。こうして示された真実は、現実的であると同時に、人間にとって体験可能な真実へと変化します。グレンジャーは「意味を儀礼の中で行為化することは、意味の聖性を生に付与し、生きた肉体の中にその意味を具体化し、それを永遠化することである」とし、さらに以下のように述べています。

「われわれは儀礼において、未知で支配しえぬものに献身する。生きてゆくためにはかくも帰依しなければならぬとする認識の上に、他者なるもの、非妥協的存在、聖なるものへと顔を向ける。儀礼は献身の象徴である。儀礼を合理化しようとしたり、その象徴的現実以外の現実性を与えてみたりすることは不可能である。もし、そのような聖なるものへの侵犯を企てるなら、儀礼はもはや儀礼ではない。それは未知なるものへの帰依ではなく、自己を遮蔽するもう一つの手段、自己崇拝のもう一つの印へと転化してしまう。儀礼においては、その分離性ゆえに価値を付与された個々の登場人物の自己確認が、象徴的に世界の確認を表わしている。人間が実存の裂け目を越えて応答する他者、敵対的でありながら人間を引き寄せようとする他者を象徴するにあたって、身体と精神、人と人との結合からなる儀礼以上にふさわしい象徴がありえようか」

儀式を「聖なるもの」の表現として見たのは、宗教学者ミルチア・エリアーデも同様です。エリアーデは主著『聖と俗　宗教的なるものの本質について』(風間敏夫訳、法政大学出版局)の「序言」で、「古代社会の人間は、聖なるもののなかで、あるいは浄められた事物のすぐそばで生活しようと努める。この傾向はもっともなこととして理解される。というのも〈原始人〉およびすべて前近代的社会にとって、聖なるものとは力であり、究極的にはとりも直さず実在そのものを意味するからである。聖なるものは実有に充ちている。聖なる力は実在と永遠性と造成力とを同時に意味する。聖と俗との対照はしばしば現実と非現実あるいは偽の現実との対照として現われる。(もちろん古代語のなかにこれらの現実非現実という哲学用語を見出そうと期待してはならない。)存在し、実在にあやかり、力に充ち満ちてあることを、宗教的人間が熱望する所以もこの故に理解される」と述べています。

『聖と俗』の訳者である風間敏夫はインド思想の研究者ですが、同書の「現代と東洋の宗教(訳者あとがきに代えて)」で、「古代インドの祭式は発展の後、それ自体が独自の力をもつに至った」と述べます。すなわち、神々すら祭式の力によって動かされ、祭式を司る祭官(婆羅門)は神々と同等の力をもつと信ぜられたというのです。宇宙、祭式、および人間の個体はたがいに相応連関し、祭式の完成により祭主の個体は宇宙的なものとして完成するといいます。

風間によれば、古代インドではプラジャーパティという神が最高神として崇拝されましたが、この神は普通考えられる一神教的な神とは趣を異にし、空間的な一切宇宙であるとともに、「歳」として時間的にも一切宇宙であり、同時に「祭式」そのものであったといいます。そこで祭主の個体（アートマン）も究極的には、このプラジャーパティと一如することになります。やがて祭式は、具体的な祭儀から一転して内面化します。そして、いわば人間個体のなかで常恒不断に行われる祭式となります。

宇宙の本体を表す原理はブラフマン（梵）と呼ばれるようになり、このブラフマンと人間個体の本質であるアートマン（我）との一如を説くウパニシャッドの哲学が成立します。風間は「古代インド思想はここで一応その頂点に達するが、このとき具体的祭式はようやくその支配的地位を、このような本質的《知》の到達に譲る」と述べています。

さらに、古代の祭式の時代が終焉するとともに、孔子やブッダといった偉大な聖人が出現したという興味深い見解を示し、風間は「シナにおける孔子、インドにおける釈迦は共に古代の祭式中心の時代がようやく終りを告げる頃、歴史的時代における一個の人格として出現し、独自な人間の道というべきものを開拓したと考えられる。それは古代祭式に還る道ではない。さらに人類を神話伝説のいわゆる『黄金時代』に還すことは当時にあってもすでに不可能であった。またインドの場合にみたように、祭式による周期的な生の更新という途が、果たして人間のあり方として完全な成功を収めうるものであったか否か、についての大きな疑問が存する。孔子や釈迦の場合はこのような祭式の内面化から、やがて日常の時々刻々、到るところ、つまり造次顚沛《てんぱい》が常に新しい宇宙的生の創造でありうるような道であった。それは古代の伝統を汲む、宇宙的な人間のあり方である」と述べています。

エリアーデの言葉を使えば、孔子やブッダは「宇宙的責任を引き受ける」ところの人間でした。そして、彼らはこの宇宙的創造力を基礎にすることによってかえって世俗的人間関係が適正に行われうる道となることを知っていたのです。歴史的人格といっても、孔子やブッダの場合は、ユダヤ・キリスト教における預言者の歴史性とは本質的に異なります。なぜなら、それは歴史性そのものに絶対的価値を認めようとするものではないからです。

■孔子とブッダのコラボとしての「慈礼」

河合隼雄は『コンプレックス』(岩波新書)において、儀式のプラスの側面をあげるだけでなく、そのマイナスの側面についても指摘しました。彼は、「困ったことには、儀式はともすると、その中に流れる精神が忘れられ、様式だけが継承される。つまり、儀式が形骸化する」と述べています。河合によれば、「儀式ばった行為だけで、精神がない」などと揶揄《やゆ》される場合の儀式は、形骸化したものであり、本来の意味での儀式とは異なっているといいます。

生命をもたない儀式の無意味さは、中学生でもすぐ発見できます。「荒れる成人式」のように、形骸化されたことを自ら認めながら、その儀式を破壊することに低級な儀式的意味を見出して喜んでいる人もいます。しかし、「問題は、われわれにふさわしい儀式の創造にある」と河合は言います。そして、「われわれの自我を、――その合理性や同一性などを――破壊することなく、それに新しい生命を吹きこむ儀式を見出すこと。これが現代人に課せられている責務のひとつである」と述べています。

それでも儀式の心理的機能を認め、儀式そのものの必要性を訴える河合は、人間が儀式を否定した場合どうなるかについて、「形骸となった儀式のみならず、全ての儀式を否定した若者は、再生のエネルギーの流出の道を自ら断ち、そこには著しいエネルギーの沈滞が生じる。水路を失ったエネルギーが暴発するとき、自分か他人かの血が流され、儀式はひとつの『事件』になり下ってしまい、二〇世紀の若者の中にも、未開人の血が流れていたことを実証するのみとなる。このような悲劇を克服するためには、われわれは、個人にふさわしい儀式を創造してゆかねばならないと思う。このような点で、分析家というものは、儀式の準備を手伝うものとなったり、司祭となったり、あるいは参列者となったりして、その個人の儀式の創造に参加してゆくものと考えることも出来る」と述べるのでした。

わたしは、冠婚葬祭業という儀式産業に従事する者の一人として、このような河合の提言をつねに心に置いています。冠婚葬祭の根本をなすのは「礼」の精神です。

では、「礼」とは何か。それは、二五〇〇年前の中国で、孔子が説いた大いなる教えです。平たく言えば「人間尊重」ということでしょう。孔子こそは「人間が社会の中でどう生きるか」を考え抜いた最大の「人間通」であると言ってもよいと思います。その孔子が開いた儒教は、ある意味で壮大な「人間関係学」ではないでしょうか。

この「人間関係学」とは、つまるところ「良い人間関係づくり」が目的です。

「良い人間関係づくり」のためには、まずはマナーとしての礼儀作法が必要となります。

いま、わたしたちが「礼儀作法」と呼んでいるものの多くは、武家礼法であった小笠原流礼法がルーツとなっています。特に、冠婚葬祭に関わる礼法のほとんどすべては小笠原流に基づいています。しかしながら、小笠原流礼法などというと、なにか堅苦しいイメージがあります。実際、「慇懃無礼《いんぎんぶれい》」という言葉があるくらい、「礼」というものはどうしても形式主義に流れがちです。また、その結果、心のこもっていない挨拶、お辞儀、笑顔が生まれてしまいます。これが河合の言うところの「形骸主義」です。

「礼」が形式主義に流れるのを防ぐために、孔子は音楽を持ち出して「礼楽《れいがく》」というものを唱えましたが、わたしたちは日常生活や業務の中でいつも楽器を演奏したり歌ったりするわけにもいきません。ならば、どのように心がければよいか。わたしは、「慈」という言葉を「礼」と組み合わせてみてはどうかと思い立ちました。

「慈」とは何か。それは、他の生命に対して自他怨親のない平等な気持ちを持つこと。

もともと、アビダルマ教学においては「慈《じ》・悲《ひ》・喜《き》・捨《しゃ》」という四文字が使われ、それらは「四無量心」、「四梵柱」などと呼ばれます。

「慈」とは「慈しみ」、相手の幸福を望む心。

「悲」とは「憐れみ」、苦しみを除いてあげたいと思う心。

「喜」とは「随喜」、相手の幸福を共に喜ぶ心。

「捨」とは「落ち着き」、相手に対する平静で落ち着いた心。

「ブッダの慈しみは、イエスの愛も超える」と言った人がいましたが、仏教における「慈」の心は人間のみならず、あらゆる生きとし生けるものへと注がれています。

「慈」という言葉は、他の言葉と結びつきます。たとえば、「悲」と結びついて「慈悲」となり、「愛」と結びついて「慈愛」となります。さらには、儒教の徳目である「仁」と結んだ「仁慈」というものもあります。わたしは、「慈」と「礼」を結びつけたいと考えます。すなわち、「慈礼」

という新しいコンセプトを提唱したいと思うのです。

「慈礼」つまり「慈しみに基づく人間尊重の心」があれば、心のこもった挨拶、お辞儀、笑顔、そして、結婚式や葬儀といった冠婚葬祭サービスの提供が可能となります。つまり、形骸化していない生きた儀式を行うことができます。

「慈」はブッダの思想の核心であり、「礼」は孔子の思想の核心です。つまり「慈礼」とは、ブッダと孔子という、エリアーデいわく「宇宙的責任を引き受ける」二人のコラボレーションなのです。また、「慈礼」はキリスト教の「ホスピタリティ」という言葉と同義語でもあります。さらには、神道的世界から生まれたとされる「おもてなし」という言葉にも通じます。

「慈礼」も「ホスピタリティ」も「おもてなし」も、その実質は「慈悲」や「仁」や「隣人愛」や「情」といった、目には見えない大切な「こころ」を「かたち」にしたものなのです。それらは宗教や民族や国家を超えた普遍性を持っています。

わたしは研究者ではなく、冠婚葬祭業を本職とする実践家です。冠婚葬祭を通じて「慈礼」のこころを追求し、実践していくことで、人生にかかわる儀式に参加する人たちが、今ここにある生命の尊さを実感し、次世代にバトンを手渡していくお手伝いができれば本望です。そのために、今後もわたしは冠婚葬祭業を通じて、「慈礼」を実践していきたいと思います。

儀式は永遠に不滅である

本書の第二部「儀式論」に収められた文章は、二〇一六年に上梓した拙著『儀式論』（弘文堂）の内容を新たに書き直したものです。『儀式論』は合計六〇〇ページの厚さで箱入りのハードカバー。わが代表作であると思ってはいるのですが、学術論文のようなスタイルで書いたため、難解で読みにくいと感じた読者が多かったようです。そこで、今回はなるべく平易な文章でリライトしました。冠婚葬祭業界の仲間たちからも「晦渋《かいじゅう》」と思われた『儀式論』ですが、結婚式にしろ、葬儀にしろ、儀式の意味というものが軽くなっていく現代日本において、かなりの悲壮感をもって書いたことを記憶しています。

わたしは、人間は神話と儀式を必要としていると考えています。

社会と人生が合理性のみになったら、人間の心は悲鳴を上げてしまうでしょう。

結婚式も葬儀も、人類の普遍的文化です。多くの人間が経験する結婚という慶事には結婚式、すべての人間に訪れる死亡という弔事には葬儀という儀式によって、喜怒哀楽の感情を周囲の人々と分かち合います。このような習慣は、人種・民族・宗教を超えて、太古から現在に至るまで行われています。儀式とは人類の行為の中で最古のものです。ネアンデルタール人も、ホモ・サピエンスも、埋葬をはじめとした葬送儀礼を行いました。

人類最古の営みといえば、他にもあります。石器を作るとか、洞窟に壁画を描くとか、雨乞いの祈りをするなどです。しかし現在、そんなことをしている民族はほとんどいないでしょう。儀式だけが現在も続けられているわけです。

最古にして現在進行形ということは、儀式という営みには普遍性があるのではないでしょうか。ならば、人類は未来永劫にわたって儀式を続けるはずです。

わたしは、儀式を行うことは人類の本能ではないかと考えます。ネアンデルタール人の骨からは、葬儀の風習とともに身体障害者をサポートした形跡が見られます。

儀式を行うことと相互扶助は、人間の本能なのではないか。これはネアンデルタール人のみならず、わたしたち現生人類(ホモ・サピエンス)の場合も同じです。儀式および相互扶助という本能がなければ、人類はとうの昔に滅亡していたかもしれません。わたしは、この本能を「礼欲」と名づけたいです。「人間は儀式的動物である」という哲学者ウィトゲンシュタインの言葉にも通じる考えです。礼欲がある限り、儀式は永遠に不滅です。

あとがき

二〇二四年九月二〇日の朝、父・佐久間進が満八八歳で旅立ちました。

亡くなった父親のことを「先考」といいますが、父はまさにわたしが考えていたことを先に考えていた人でした。父の通夜・葬儀には、日本で唯一のミャンマー式寺院である「世界平和パゴダ」から多数の僧侶の方々にご参列いただきました。故人が、世界平和パゴダ奉賛会の会長を務め、支援活動を続けていた御縁からです。加えてミャンマー政府より追悼のお手紙を賜りました。「佐久間進氏は日本仏教とミャンマー仏教との間に橋を架けられた」とのメッセージがそこに書かれていました。まことに有難く、感動をおぼえました。

父は、生涯をかけて人間の「こころ」と「かたち」を追求しましたが、ただ一つの道に縛られることなく、常に広い視野と高い志とを持って生きてきました。その一環として、皇《み》産霊《むすびの》大《おお》神《かみ》を祀る「皇産霊神社」を創建し、その代表役員を務めました。神道の伝統を守りつつ、さらには平成の寺子屋ともいえる「天道館」を創設し、仁義礼智忠信孝悌といった儒教の教えを広める場を設けました。天道館には孔子像、皇産霊神社には聖徳太子像を建立しています。

神道・儒教・仏教といえば、日本人の「こころ」の三本柱ですが、その三宗教が平和的に共生できたのは聖徳太子の功績だと言えます。父は生涯、聖徳太子を崇拝し、太子が死後に向かったという天寿国に憧れを抱いていました。

父の神道・儒教・仏教の枠を超えたその活動は、神や天や仏といったサムシング・グレートへの畏敬の念に加えて、「人間尊重」という普遍的な理念を体現するためのものでした。

「人間尊重」の考えを広めることを、父は「天下布礼」と呼んでいました。

それはただ単に礼儀作法を守るという意味を超え、人間関係における「思いやり」を世の中に広げようとする壮大な挑戦でした。どんな困難に直面しても「何事も陽にとらえて」の精神で、父は常に新しい視点と行動で道を切り開いていきました。その精神は今も残されたわたしたちに深い感銘と影響を与え続けています。

父は國學院大學で国学と日本民俗学を学び、冠婚葬祭互助会を営む会社を創業しました。本居宣長や平田篤胤らの国学が「日本人とは何か」を問う学問なら、柳田國男や折口信夫らの日本民俗学は「日本人を幸せにする方法」を探る学問でした。そして、父にとっての冠婚葬祭互助会はその学びを実践するものでした。国学から日本民俗学へ、日本民俗学から冠婚葬祭互助会へと、日本人の幸福論は進化を遂げてきたのです。父の國學院大學の後輩に、京都大学名誉教授で宗教哲学者の鎌田東二先生がおられます。鎌田先生は、「折口信夫が理論国学者なら、佐久間進は応用国学者ないし臨床国学者である」と言われました。

生前の父は「互助会は日本人によく合う」と常々語っていました。また、「互助会の可能性は無限である」、さらには「互助会こそが日本を救う」という信念を持っていました。最近では「互助共生社会」という言葉を使い、未来に向けた新たな社会像を描いていました。それは、わたしが長年提唱し続けてきた「ハートフル・ソサエティ」に通じます。

冠婚葬祭事業の未来に対して悲観的な意見を述べる方も少なくありません。しかし、父にとって、冠婚葬祭は日本人の心をつなぎ、人々が互いに助け合い支え合う社会を作り出すための基盤であり、その可能性は無限であると信じていたのです。冠婚葬祭とは「こころ」を「かたち」にする文化です。父は、小笠原流礼法をはじめ、茶道や華道にも精進していましたが、「冠婚葬祭こそは総合芸術であり、日本文化の集大成である」と常々言っていました。

二〇二四年の八月に一般財団法人　冠婚葬祭文化振興財団の理事長に就任したわたしは、冠婚葬祭とは「文化の中の文化」であると思っています。これまで、わたしは冠婚葬祭業を単なる「サービス業」から「ケア業」への進化を提唱してきましたが、さらに現在は「文化産業」としてとらえる必要があることを訴えています。自動車産業をはじめ、産業界には巨大な業界が多いです。その中で冠婚葬祭業の存在感は小さいです。サービス業に限定してみても、大きいとは言えません。日本郵政も、電通も、リクルートも、楽天も、セコムも、パソナも、オリエンタルランドも、リゾートトラストも、すべてサービス業に属します。

　現在、冠婚市場は約二兆円、葬祭市場は約一兆七〇〇〇億円、互助会市場は約八〇〇〇億円とされていますが、サービス業と同じ第三次産業である卸売業・小売業の約五四〇兆円に敵わないことは言うに及ばず、情報通信業の約八三兆円、運輸業・郵便業の約七一兆円とも比較にもなりません。「サービス業」としてとらえると小さな存在にすぎない冠婚葬祭業ですが、視点を変えて「文化産業」としてとらえると一気に存在感が大きくなります。

　日本伝統文化の市場規模を見ると、茶道が約八四〇億円です。他の伝統文化の市場規模は、華道が約三三二億円、書道が約三九九億円、歌舞伎が約三〇億円（歌舞伎座の売上）、大相撲が約一〇〇億円（日本相撲協会の売上）となっています。冠婚葬祭業を冠婚葬祭という日本の伝統文化を継承する文化産業としてとらえれば、一転して最大の存在となるのです。冠婚葬祭を継承し続けている冠婚葬祭業者は、日本人の「こころ」を守る「かたち」を守っています。冠婚葬祭業という「礼業」に従事する人々は、「文化の防人」なのです。作家の三島由紀夫は、著書『文化防衛論』において「文化を守る営為は文化そのものでもある」と喝破しました。冠婚葬祭業者という「文化の防人」としてこの営みに参画できることを、わたしは心の底から誇りに思います。父から受け継いだ「冠婚葬祭で、日本人を幸せにする」という大きな目標に向かって、これからも歩み続けたいと思います。

最後になりますが、前著『供養には意味がある』に続いて、お忙しい中、本書を自ら編集して下さった産経新聞出版の赤堀正卓社長に心より感謝申し上げます。

二〇二四年一一月三日　文化の日に

一般財団法人　冠婚葬祭文化振興財団

理事長　佐久間庸和

佐久間庸和（さくま・つねかず）

1963年、福岡県生まれ。早稲田大学政経学部卒業。作家。一般財団法人 冠婚葬祭文化振興財団理事長。㈱サンレー代表取締役社長。九州国際大学客員教授。上智大学グリーフケア研究所の客員教授を務め、グリーフケア資格認定制度を創設。一条真也のペンネームで作家活動にも情熱を注ぎ続ける。主な著書に『儀式論』（弘文堂）、『唯葬論』（三五館、サンガ文庫）、『愛する人を亡くした人へ』（現代書林、ＰＨＰ文庫）、『決定版 冠婚葬祭入門』（ＰＨＰ研究所）、『決定版年中行事入門』（ＰＨＰ研究所）、『人生の四季を愛でる』（毎日新聞出版）、『人生の修め方』（日本経済新聞出版社）、『供養には意味がある』（産経新聞出版）など。

冠婚葬祭文化論
～人間にとって儀式とは何か～

令和6年12月25日　第１刷発行
令和7年１月23日　第２刷発行

著　　者　佐久間庸和
発 行 者　赤堀正卓
発行・発売　株式会社産経新聞出版
〒100-8077　東京都千代田区大手町1-7-2
産経新聞社８階
電話　03-3242-9930　FAX　03-3243-0573
印刷・製本　サンケイ総合印刷株式会社

ISBN　978-4-86306-188-0　C0039

デザイン　ユリデザイン